달리기 분석

저자 정환덕

목 차

1. 모든 사람은 잘 달릴 수 있다

1. 인간은 두 발로 걷기 시작한 아득한 옛날부터 대자연에서 살아남기 위하여 필사적으로 달려야 했을 겁니다. 무서운 맹수의 습격을 피하고 생존에 필수적인 음식을 구해야만 하는 인간에게 절대적으로 필요한 능력 중의 하나는 달리는 기술이었을 것이라고 상상하기는 어렵지 않습니다. 인간은 다른 동물과는 다르게 두 발로 움직이는 동물입니다. 즉, 두 발을 이용하여 움직이는 인간은 생존을 위하여 두 발로 가장 효율적으로 달릴 수 있도록 온몸을 진화시켰을 것이 분명합니다. 이 말은 우리 **인간의 몸을 구성하고 있는 뼈대와 근육을 포함하는 몸의 모든 부분이 두 발로 가장 잘 달릴 수 있도록 진화되어 구성되었다**는 것을 의미합니다.

원시 시대부터 진화되어 온 인간은 생존을 위하여 달리기를 잘할 수 있는 뼈대와 근육 등을 가지고 태어났는데, 현대의 우리 중에는 달리기를 잘못하는 사람들이 많이 있다는 겁니다. 이러한 원인에 대해서는 수많은 이론이 있겠지만 여기에서는 그런 것을 논하지 않겠습니다.

2. 인간이 생존을 위하여 달려야 했던 수백만 년의 세월을 지나서, 이제는 달리는 능력이 생존을 좌우하는 필수 불가결한 조건이 되지 않습니다. 특히 현대에서는 달리기가 다른 운동을 위한 기초를 다지는 운동에 지나지 않게 되었습니다. 하지만 불과 수천 년 동안 생존 환경이 바뀌었다고 해도 수백만 년이라는 세월을 통해 진화한 인간의 신체 구

조가 갑자기 변하거나 없어지지는 않았을 겁니다. **수백만 년 동안 진화한 그 결과가 하루아침에 어디로 가겠습니까?**

다른 동물보다 빨리 달리지는 못해도 오랫동안 꾸준하게 달릴 수 있는 능력이야말로 인간이 수렵 사회에서 살아남기 위한 필수 조건이었을 겁니다.

즉, 인간이 오랫동안 꾸준하게 달릴 수 있는 것은 달리면서 호흡을 잘했을 뿐만 아니라 달린 후에 무릎 등에 아무런 이상이 없었다는 것을 의미합니다. 그런데 지금 현대인들은 달리면서 숨을 제대로 쉬지 못할 뿐 아니라 무릎이나 발목 등을 다치는 경우가 빈번합니다.

인간의 몸은 이미 수백만 년 동안 달리기를 잘하도록 진화되어 왔는데, 문명이 발달하고 수렵 시대보다 영양 상태도 훨씬 좋아진 현대인이 수렵 시대의 조상들보다 달리기를 잘하지 못한다는 것이 정말 이상하지 않습니까? 이뿐만 아니라 현대인의 발을 보호하는 뛰어난 도구인 신발이 달리기를 도와줍니다. 그러므로 현대인은 열악한 환경에 있던 머나먼 조상보다 달리기를 못한다는 것은 정말 말도 되지 않습니다. 겨우 수천 년 동안 문명을 만들어 온 인간이 수렵 시대처럼 달릴 필요가 없다고 해서 이미 달리기를 잘하도록 진화되어 온 신체의 모든 부분이 갑자기 퇴화해 버린 걸까요?

3. 현실을 보면 달리기를 잘하는 사람도 많지만 못하는 사람도 너무 많이 있습니다. 모든 사람은 가지고 있는 뼈나 근육 등 신체 구조가 다를 수 없습니다. 그리고 사람의 신체 조직은 하는 일도 똑같습니다. 차이가 있다면 뼈나 근육의 길이와 굵기 등이 약간 다를 뿐입니다. 이것은 개인마다 타고난 신체 상태에 따라 몸이 움직이는 정도에 약간 상대

적인 차이가 있다는 뜻에 지나지 않으며 근본적인 차이를 만들지는 않습니다. 예를 들면, 팔다리가 긴 사람은 상대적으로 팔다리가 짧은 사람에 비하여 달리기 속도가 빠를 수 있습니다. 그렇다고 팔다리가 짧은 사람이 달리기를 잘하지 못한다고는 할 수 없습니다. 그러므로 어떤 육체를 가진 사람이 달리기를 잘한다는 이야기는 하지 않겠습니다. 무의미하기 때문입니다.

이 책에서는 개인의 차이를 이야기하는 것이 아니라, 오히려 **약간의 개별적인 차이가 있는 개인들이 가지고 있는 공통된 신체 조직을 어떻게 달리기에 이용하는가**를 이야기합니다. 그러므로 이 『달리기 분석』이 추구하는 것은 누구보다도 빨리 달릴 수 있도록 하는 것이 아니라, 각 개인이 자신의 신체에 맞추어 달리기 능력을 최대한 발휘할 수 있도록 하는 겁니다. 그리고 **이 『달리기 분석』이 추구하는 목적은 1) 러너가 달린 후에 무릎이 아프지 않고 2) 러너가 달리면서도 쉽게 호흡할 수 있도록 하는** 겁니다. 이 두 가지가 되면 누구나 달리기를 즐길 수 있습니다. 특히 달린 후 무릎이 아프다면 달리기가 무슨 소용이 있겠습니까?

4. 인간의 타고난 신체적 구조가 같음에도 불구하고 달리기를 잘하지 못한다는 것은 인간 본질에서 오는 차이가 아니라 자신의 신체 구조를 제대로 사용하지 못하기 때문일 것입니다. 즉, 지금 달리기를 잘하는 사람들은 특별한 신체 구조를 가지고 있는 것이 아니라, 인간이라면 가지고 있는 뼈와 근육 등 신체 조직을 원래의 효능이 나오도록 움직이는 방법을 의식적 또는 무의식적으로 아는 사람이라고 말할 수 있습니다.

그리고 다시 생각해 보면 지금 달리기를 못하는 분이라도 분명 그 자신은 달리기를 통하여 수렵 시대에 살아남은 조상으로부터 시작된 진화의 결과를 가지고 있다는 것을 알 수 있습니다. 그러므로 인간 신체의 원래 효능이 나오도록 움직이는 방법을 알게 되어 그것을 실천한다면 누구라도 달리기를 잘할 수 있는 겁니다.

이제 **문제는 달리기를 잘할 수 있도록 신체를 움직이는 방법이 있는가** 하는 겁니다.

5. 이 책 『달리기 분석』은 바로 이 의문에서 시작하였습니다.

어떻게 달려야 잘 달릴 수 있는가? 일단 이것이 결정되어야만 잘 달릴 수 있는 방법을 찾을 수 있는 근거가 되기 때문입니다. 다행히 많은 달리기 전문가가 인터넷이나 책에 잘하기 위한 자세를 규정해 놓고 있었습니다. 특히 이 책에서 분석하는 **'바람직한 달리기 자세' 10가지**는 사람의 머리부터 발끝까지 달리기를 할 때 취해야 하는 자세를 규정해 놓았습니다. 아마 이 10가지 자세는 달리기 전문가들이 세계적인 달리기 선수들을 훈련시키면서 그들이 달리는 것을 보고 촬영한 결과를 분석, 연구한 다음 이들이 가지는 공통적인 달리기 자세를 뽑은 것 같습니다.

우리 같은 일반 러너가 이런 선수들과 같이 달릴 수는 없겠지만, 만일 이런 선수들의 자세를 할 수 있다면 달리기가 훨씬 쉬워지고, 빨리 달릴 수 있지 않겠습니까?

그래서 필자는 달리기 분석에서 전문가들이 말하는 10가지 바람직한 자세를 분석하기로 했습니다. 전문가들이 말하는 10가지 자세는, 우리 대부분이 한 번씩은 들어 본 적이 있을 정도로 간단하고 상식적인 것입니다. 하지만 이런 자세를 하면서 뛰는 일반 러너는 거의 없다고 하겠습니다. 많은 사람이 알고는 있지만 이렇게 하지 못하는 이유가 있지 않겠습니까?

그리고 전문가들은 왜 자신들이 달리는 자세를 말하면서 **1) 무엇 때문에 이런 자세를 해야 하는지 2) 어떻게 하면 이런 자세를 할 수 있는지 3) 이런 자세를 하면 몸에 어떠한 변화가 있는지**를 우리에게 자세하게 설명하지 않는 겁니까?

다음 장에서 필자 나름대로 전문가들이 우리에게 자세하게 설명하지 않는 이유를 생각해 보았습니다.

2. 공부는 잘해도 공부하는 방법은 모른다?

1. 누구든지 달리기 서적이나 인터넷에서 올바른 달리기 자세에 대한 지식을 얻을 수 있습니다. 달리기 자세에 대한 정보는 필자가 앞에서 제시한 '전문가가 말하는 바람직한 달리기 자세'와 거의 대동소이할 것입니다. 많은 사람이 이런 지식을 토대로 달리기 연습을 시작하지만 대부분은 올바른 자세로 달리기를 하지 못하고 결국은 "달리기는 힘들다."라는 핑계와 함께 달리기를 포기하는 경향이 많습니다.

만일 전문가들이 우리 같은 일반인을 위하여 **달리기 선수의 결과물인 '바람직한 달리기 자세'만 그냥 던져 주지 않고,** 더욱더 자세한 지식을 알려 주었다면 많은 사람이 달리기를 포기하지 않고 즐겁게 달리기를 하지 않았을까 하는 아쉬움이 있습니다.

2. 수많은 달리기 지식은 '바람직한 자세'의 달리기 방법을 말하면서도 **1) 왜 그렇게 해야만 하는지 2) 그런 자세를 할 수 있는 방법 3) 그런 자세를 하고 난 뒤에 몸에서 일어나는 변화** 등에 대해서는 논리적이고 자세한 설명을 하지 않습니다. 왜 시선은 전방 10~30m를 보아야 하는가? 왜 달릴 때 주먹을 가볍게 쥐어야 하는가? 주먹을 그냥 쥐고 달리면 안 되는가? 등등 전문가를 비롯해 수많은 지식은 단지 그런 자세를 취하면서 달리기를 하면 쉽고 편안하게 뛸 수 있다고 말할 뿐입니다.

하지만 우리 같은 일반인 대다수는 전문가가 말하는 대로 달릴 수 없다는 데에 문제가 있는 겁니다. 더 나아가 그렇게 하려고 노력하지만 결국은 그런 자세로 달리지 못한다는 것을 알고 자신의 능력에 대한 처절한 좌절감을 느낍니다.

무엇이 문제이겠습니까? 답은 이미 전문가들이 주었기 때문에 알고 있는데 그 답대로 행할 수 없습니다. 우리가 운동 신경이 없기 때문입니까?

하지만 다시 생각하면 **"그렇게 뛰면 된다."**라는 전문가들의 말에는 **많은 오류가 있다는 것을 알 수 있습니다.**

다시 말하지만 "시선은 전방 10~30m 정도에 둔다."라고 하지만 왜 시선을 그렇게 둬야 하는지 아무런 설명이 없습니다. **왜 시선을 멀리하고 뛰면 안 됩니까?**

또 "손은 가볍게 말아 쥔다."라고 전문가들은 말하지만 손을 가볍게 말아 쥐는 의미가 무엇이며, 손을 가볍게 말아 쥐기 위해서는 어떻게 해야 하는지에 대한 설명은 전혀 없습니다. **주먹을 세게 쥐고 달리면 안 되는 이유가 무엇입니까?**

전문가들이 잘 달릴 수 있는 자세는 말해 주었지만 좀 더 친절하게 설명해 주면 안 됩니까? **의미와 방법을 모르는데 어떻게 따라 할 수가 있습니까?**

문득 공부에 대하여 이야기하는 것과 달리기에 대하여 이야기하는 것이 비슷하다는 생각이 들었습니다.

공부 못하는 학생이 공부 잘하는 학생에게 공부 잘하는 방법을 물으면 "자리에 똑바로 앉아서 열심히 책을 보면 된다."라고 말합니다. 가만 생각하면 이 말은 달리기 전문가가 달리기 잘하는 자세를 던져 놓고 이대로 하면 된다고 말하는 것과 비슷한 것 같습니다. 책을 열심히 보면서 집중하여 공부하면 된다는 말이 거짓말은 아니지만, 책에 집중하고 열심히 보는 것이 대부분의 학생에게는 너무나 어렵고 힘들다는 것이 실제적인 현실입니다.

달리기 전문가도 마찬가지입니다. 그들이 말하는 자세를 취하면 잘 달릴 수 있다는 말이 절대 거짓말은 아니겠지만, 대부분의 사람은 전문가가 말하는 자세를 잘할 수도 없고 또 그 자세에 대한 정확한 이해가 없으니 달리기를 하면서 그 자세를 굳이 하려고 하는 생각을 하지 않을 겁니다. 그러니 잘 달릴 수 없는 것이지요! **공부를 못하는 이유와 너무나 비슷합니다.**

스스로 달리기 전문가라는 사람들은 왜 우리에게 친절하게 가르쳐 주지 않는 걸까요? 달리기 잘하는 방법이 무슨 비밀일까요?

3. 다시 공부 잘하는 학생 생각으로 돌아왔습니다. 공부 잘하는 학생이 그렇게 말하는 것은 자신은 공부를 잘하지만 실질적으로 공부하는 방법은 자신도 모르는 것이 아닐까 하는 생각이 들었습니다. 즉, 자신은 이미 공부하는 방법(?)대로 하지만 어떻게 하면 그런 방법을 할 수 있는지는 모르는 것이 아닌가 하는 생각입니다. 그러니 "똑바로 앉아서 책에 집중하면서 열심히 하면 된다."라는 거의 똑같은 말을 반복하는 것이 아니겠습니까?

그렇다면 **달리기 전문가들도 달리기를 잘하고 또 달리기를 잘할 수 있는 자세는 알아도 1) 왜 그 자세가 필요하고 2) 그 자세를 하려면 어떻게 해야 하는지를 잘 모르는 것이 아닐까 하는 생각이 스쳐 지나갔습니다. 아마 그럴 가능성이 큰 것 같습니다.**

달리기 전문가들은 분명 달리기를 잘 알고 육체의 움직임도 누구보다도 잘 알 것입니다. **하지만 공부 잘하는 학생이 공부 못하는 학생의 정신 상태를 이해할 수 없는 것처럼 달리기 잘하는 사람은 달리기 못하는 사람의 근육 움직임을 도저히 이해할 수 없을 겁니다.** 그래서 공부 잘하는 학생이 공부 못하는 학생에게 한마디를 해 주고 고개를 흔들 듯, 마찬가지로 달리기 전문가들도 달리기 잘하기 위한 바람직한 자세를 던져 주고는 그런 자세를 하지 못하는 대다수의 사람을 이해하지 못하겠다고 고개를 흔드는 것은 아닌가 생각해 봅니다.

하지만 다행스럽게도 공부와는 달리 달리기에는 바른 자세가 이미 나와 있습니다. 그리고 이것은 정신적인 문제가 아니라 육체적인 문제, 즉 객관적인 분석이 가능한 문제입니다. 공부를 잘하는 방법은 거의 뇌와 관련된 것이기 때문에 외부적인 관찰로는 알기가 어렵습니다. 미래에 과학이 발달하여 뇌 전체를 분석할 수 있다면 가능할 수도 있을 겁니다. 그러나 달리기 자세는 다행스럽게 공부와는 다르게 단지 인체에 있는 근육의 움직임에 지나지 않습니다. 모든 인간은 같은 뼈와 근육을 가지고 있고, 이들이 하는 일도 같습니다. 즉, 똑같은 신체 구조를 가지고 있는 모든 인간은 그 움직임에 있어 같은 근육의 같은 움직임이 필요하고, 같은 움직임은 인체에 같은 영향을 줄 것입니다.

이 말은 전문가들이 권하는 달리기 잘하는 자세와 자신이 달리면서 하는 자세를 비교 분석할 수 있다는 말이 됩니다. 즉, 일반 러너가 전문가들이 권하는 자세를 하면서 달려 보다가, 자신이 원래 하는 자세로 달리면서 두 자세를 서로 비교 분석할 수 있습니다.

4. 필자는 이런 방법을 통하여 전문가들이 제시한 바람직한 달리기 자세 10가지를 분석했습니다. 분석하면서 전문가들이 말한 자세를 할

수 있도록 엄청나게 노력했으며, 전문가들이 말하는 자세를 하면 할수록 달리기를 쉽고 편하게 할 뿐 아니라 달리는 속도도 빨라지게 된다는 것을 알았습니다.

필자가 달리기 전문가가 아니기 때문에 필자의 분석을 의심할 수도 있습니다. 그러면 필자가 분석한 것에 대하여 반론하셔도 됩니다. 대신 더욱 객관적이고 과학적인 근거를 가지고 이야기해 주시기 바랍니다. 언제든지 환영합니다.

필자는 전문가가 권하는 달리기 자세와 그렇지 않은 자세를 비교 분석하는 과정에서 정말 많은 것을 알게 되었습니다. 그래서 달리기 전문가가 권하는 자세에 대하여 **1) 왜 이 자세를 해야 하는지(의미), 2) 어떻게 하면 그 자세를 할 수 있는지(방법), 3) 바른 자세가 몸에 주는 효과(효과)**는 무엇인지에 대하여 알게 되었습니다.

이 『달리기 분석』은 열 가지 자세에 대한 하나하나의 의미, 방법, 그리고 효과에 대하여 이야기합니다.

필자가 이러한 분석을 나름 객관적인 방법으로 할 수 있게 된 것은 필자가 달리기를 못하는 사람이었기 때문입니다. 위에서도 말했지만 올바른 자세와 잘못된 자세를 할 수 있었기 때문입니다. 그러니 비교 분석이 가능했던 겁니다.

달리기 전문가들이 올바른 달리기 자세를 만들었지만 자세하게 설명하지 않은 이유는 그들은 너무나 달리기를 잘하고 또 더 빨리 달리기 위하여 달리기 선수들만 상대하고 분석했기 때문입니다. 자신들이 움직이는 방법대로 남들도 움직인다고 생각하는 것이 인간입니다. 그러니 **그들에게는 달리면서 그런 자세를 하는 것은 너무나도 당연한 것이**

니 너무나 당연한 것을 어떻게 설명할 수가 있겠습니까? '1+1=2'라는 것은 너무나 당연하지만 설명하기 어려운 것과 같습니다.

분석을 제대로 하기 위해서는 분석을 위한 서로 다른 형태의 표본이 있어야 합니다. 전문가들에게는 올바른 자세의 표본만이 있으니 비교 분석할 필요가 없었고 또 할 수도 없었을 겁니다.

당연한 것을 왜 분석합니까?

다시 공부 잘하는 학생으로 돌아가면 **공부를 잘한다고 훌륭한 선생이 되는 것은 아닙니다.** 이제 다음 장부터 본격적인 분석에 들어갑니다.

3. 전문가가 말하는 '바람직한 달리기 자세' 10가지

1. 달리기를 잘하려면 아래의 자세를 유지하면서 달리면 된다고 전문가들이 말합니다.

2. 전문가들에 따라서 약간의 차이가 있으나 무시할 정도로 대동소이합니다.

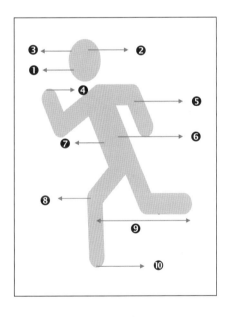

❶ 호흡: 입과 코를 모두 이용한다.

❷ 머리: 똑바로 들어서 지면과 수직이 되게 한다.

❸ 시선: 10~30m 전방을 쳐다본다.

❹ 손: 가볍게 말아 쥔다.

❺ 팔: 90도 정도로 구부려 자연스럽게 흔든다.

❻ 등허리: 전체적으로 곧게 편다.

❼ 배: 약간 힘을 주어 안쪽으로 당긴다.

❽ 무릎: 150~160도를 유지한다.

❾ 보폭: 넓지도 좁지도 않은 자연스러운 보폭을 유지한다.

❿ 착지: 뒤꿈치가 먼저 지면에 닿아야 한다.

10가지 자세에 대하여 하나하나 분석하고 이런 자세를 하기 위해서는 어떤 근육을 움직여야 하고 어떻게 해야 이런 자세를 유지하면서 달릴 수 있는지를 『달리기 분석』에서 자세히 설명합니다.

4. 호흡: 입과 코를 모두 이용한다

1. 호흡은 달리기에서도 중요하지만 생명을 유지하는 데 가장 기본이 되는 인체 작용입니다. 이런 이유 때문에 호흡에 대한 지식과 서적이 너무나도 범람하는 것 같습니다. 하지만 대부분의 호흡에 대한 지식은 단전 호흡(복식 호흡)에 관한 것이었습니다. 그런데 단전 호흡이라는 것은 우리가 가만히 있으면 할 수 있는 호흡이지만 움직일 때 특히 달릴 때는 거의 불가능하지 않은가 생각됩니다.

하물며 우리는 **달릴 때 어떻게 호흡을 할 것인가 하는 가장 어려운 문제**에 직면한 것입니다. 하지만 선사 시대 때부터 달린 우리 인간이 진화를 통하여 이 문제를 해결하지 못했다고 생각하지 않습니다.

실제로 TV에서 장거리 또는 마라톤을 뛰는 선수들이 호흡을 편하게 하면서 역주하는 모습을 볼 수가 있습니다.

2. 달리기 전문가들은 "호흡은 입과 코를 이용한다."라고 말합니다 **(옛날 체육 시간에는 달릴 때는 코로만 호흡해야 한다고 한 것 같은데 지금은 변한 것 같습니다).**

이 말은 코와 입을 동시에 사용하여 공기를 흡입하고 배출하라고 하는 것 같습니다.

호흡과 관련하여 인터넷에는 "달릴 때 호흡을 코로만 해야 하는 것이 아닌가요?", "달리면서 코로만 호흡하기에는 너무 힘드니 입으로도 호흡을 해야 하는 것 아닌가요?" 하는 등 수많은 질문이 넘쳐 나고 있습니다. 그리고 이것에 대하여 어떤 전문가는 "코만 사용해야 한다."라고 하고, 또 다른 전문가들은 "입과 코를 모두 이용한다."라고 말하는 겁니다. 그리고 필자가 선택한 전문가의 '바람직한 달리기 자세'에서도 "입과 코를 모두 이용한다."라고 하고 있습니다.

하지만 다시 한번 자세히 살펴보면 이런 대답은 질문한 사람 대다수가 달릴 때는 도저히 코만 이용하여 숨을 쉴 수 없다고 하소연하기 때문에 나온 결론이 아닌가 하는 생각이 듭니다. 사실보다는 상업적인 냄새가 많이 납니다.

3. 옛말에 **"말은 입으로 하고 숨은 코로 쉰다."**라는 말이 있습니다. 너무나도 당연한 말이지만 여기에 우리가 달리면서 어떻게 호흡해야 하는지 정답이 있다고 하겠습니다. 필자는 "입과 코를 모두 이용한다."라는 말을 이해하기 위해서는 "말은 입으로 하고 숨은 코로 쉰다."라는 옛말이 적절하다고 생각합니다.

이 말은 기본적으로 호흡은 코로 한다는 뜻입니다. 그냥 코로 숨을 쉰다고 하면 그만일 텐데 왜 "말은 입으로 하고 숨은 코로 쉰다."라고 입과 코를 같이 거론했을까요? 이상하지 않습니까? 하지만 여기에 진정한 지혜가 숨어 있습니다.

말을 입으로 한다는 말을 인체 공학적으로 살펴보면, 말을 하기 위해서는 공기를 들이마실 때는 할 수 없고 폐에 있는 공기를 밖으로 배출할 때만 가능합니다.

즉, 이 말은 코는 공기의 흡입과 배출에 모두 사용하고, 입은 공기를 폐에서 배출할 때만 사용하라는 뜻이라고 볼 수 있습니다.

그러므로 필자는 "입과 코를 모두 이용한다."라고 주장하는 전문가들의 말에 동의하면서도 다음과 같이 호흡해야 한다고 구체적으로 말하고 싶습니다.

호흡: 1. 달리기를 할 때 호흡은 코로 하는 것이 기본입니다.

   2. 달리는 상태에서 자신의 달리는 능력을 넘어 숨이 가빠질 때는 날숨(들숨은 아님)을 한 번씩 입으로 합니다.

   3. 달리기와 같은 격렬한 운동을 하지 않는 평상시에는 오직 코만 사용하여 호흡을 합니다.

어떤 사람은 평상시 가만히 있을 때도 코만 사용하여 호흡하는 것이 쉽지 않은데, 격렬한 운동인 달리기를 하면서 코로만 숨을 쉰다는 것은 정말 어렵습니다.

그러니 수많은 사람이 호흡에 대한 질문을 하는 것 아니겠습니까? 실제로 이 호흡 문제 때문에 수많은 사람이 달리기를 포기합니다. 그러니 전문가들이 달릴 때 입과 코를 모두 이용한다고 말하는 것이 이해됩니다. 하지만 예전에는 분명 달릴 때는 코로 호흡해야 한다고 했습니다.

4. 인간은 코로 숨을 쉬도록 진화되어 왔다고 믿습니다. 특히 달리기가 생사를 결정짓는 원시 상황에서 인류는 생존을 위하여 오직 코로만 호흡을 하면서 달릴 수 있도록 진화되어 왔을 것입니다. 입으로 숨을 쉬면서 달리면 다음과 같은 결점이 있어 생존에 분명 불리했을 겁니다.

1) 입안이 바싹 마르고 쓴맛이 나 기분이 나빠집니다.

2) 숨이 고르지 않고 급박합니다.

3) 공기가 폐 깊숙이 들어가지 않고 목에서만 들락날락하는 것 같습니다.

4) 배가 아파지는 경우도 있습니다.

5) 빨리 뛸 수가 없습니다.

이와 같은 단점이 있기 때문에 달리기를 할 때는 코로만 숨을 쉬어야 합니다.

5. 달리기를 하면서 코로만 숨을 쉰다는 것은 너무나 어렵습니다. 하지만 누구나 호흡법을 연습하면 코로만 숨을 쉬면서 달리기를 할 수가 있습니다. 수백만 년 동안 진화해 온 우리의 인체 때문에 약간만 연습하면 충분히 코로만 호흡을 하면서 달리기를 할 수 있습니다.

『달리기 분석』은 이러한 것을 찾아 논리적이며 과학적인 근거를 독자 여러분에게 제공하고자 합니다.

우선 이 호흡에 대하여 필자의 경험을 이야기하도록 하겠습니다.

필자도 건강 때문에 달리기를 시작하면서 코로만 호흡하면서 뛴다는 것이 거의 불가능했습니다. 달리기가 얼마나 격렬한 운동인지 여러분도 잘 알 것입니다.

격렬한 운동을 하면서 코로만 숨을 쉰다는 것은 무슨 특별한 능력이 아닌가 하고 필자도 의심한 적이 한두 번이 아닙니다. 그러나 우연히 팔 움직임과 호흡이 관련이 있다는 것을 알게 된 후, 필자는 호흡에 대하여 다시 생각하게 되었습니다. 물론 입으로 호흡을 하게 되면 앞에서 말한 부작용 때문에 더욱 코로 숨 쉬는 방법을 생각하게 되었습니다. 이런 생각이 『달리기 분석』의 출발이 되었습니다.

필자의 경우에도 처음에는 코와 입을 모두 사용하면서 달리기를 했습니다. 달리기를 못하는 사람의 당연한 결과가 아니겠습니까? 처음에는 5km도 제대로 달리지 못하던 필자가 꾸준히 달리기를 한 결과(사실 그렇게 열심히 한 것도 아닙니다) 이제 11~12km의 거리를 65분 정도의 시간에 달리는 어중간한 러너가 되었습니다.

어중간한 러너이지만 이제는 필자가 말한 바와 같이 거의 코로만 호흡하면서 달립니다. 물론 한 번씩 더 빨리 뛰려고 하다가 숨이 차서 날숨을 입으로 하기는 합니다만 정말 몇 번 정도에 지나지 않습니다. 필자는 10km의 거리를 40~45분 정도로 달리는 것을 목표로 연습하고 있습니다(하지만 나이가 있어 가능 할지는 모르겠습니다).

6. 문제는 어떻게 하면 격렬한 운동인 달리기를 하면서 들숨과 날숨을 코로만 할 수 있는가 하는 겁니다.

다음 장부터 호흡법 전체에 대하여 구체적으로 설명하겠습니다. 달리기 분석에 있는 호흡법을 이용하면서 달리면 특히 코호흡을 정말 쉽게 할 수가 있습니다. 하는 방법을 그 이유와 같이 구체적으로 설명할 테니 독자 여러분은 책을 보면서 바로 해 보시기 바랍니다.

매우 간단하지만 필자의 주장을 바로 확인할 수 있고 그 효과를 느낄 수 있을 겁니다. 하지만 제대로 된 호흡을 하기 위해서는 꾸준한 연습이 필요하다는 것을 강조합니다. 어떠한 것도 연습 없이 자신의 습관으로 만들 수는 없습니다.

처음 달리기를 시작하는 분은 코와 입을 신경 쓰지 않고 뛰면 됩니다. 코로 호흡을 하려고 해도 힘들고 숨이 가쁘면 자신도 모르게 저절로 입이 벌어져 입으로 호흡하게 됩니다. 그러므로 힘들다고 입이 먼저 저절로 벌어지지 않도록 훈련할 필요가 있습니다. 다음에는 콧구멍으로 많은 공기가 들어가도록 콧구멍이 막히지 않도록 신경 써야 합니다.

1) 입이 저절로 벌어지지 않도록 하는 훈련은 미소를 짓는 것입니다.

달리기에 무슨 미소 이야기가 나오는지 이상할 수도 있지만 다음 장은 미소 호흡에 대한 내용입니다. 이 미소 호흡을 배우면 평상시에도 굉장한 도움이 될 것이라고 확신합니다.

2) **코를 통하여 공기를 많이 흡입하기 위해서는 두 개의 콧구멍을 통하여 동시에 공기를 흡입, 배출할 수 있어야 합니다.** 적지 않은 사람이 코로 숨을 쉴 때 두 개의 콧구멍을 사용하지 않고 한 개의 콧구멍을 통해 호흡합니다. 그러므로 코를 깨끗하게 관리하여 항상 두 개의 콧구멍을 동시에 사용하면서 호흡을 할 수 있도록 해야 합니다. 이것은 뛸 때가 아니라 평상시에 해야 합니다. 건강에도 굉장히 좋습니다.

필자가 콧구멍 두 개를 원활하게 사용하기 시작하면서부터는 감기에 잘 걸리지 않습니다. 감기가 와도 예전처럼 심하지 않고 가볍게 왔다가 갔습니다.

7. 필자의 경험에 의하면 달리는 상태가 자신의 몸에 최적화되어 있는 상태에서는 오로지 코로만 들숨, 날숨을 하면서 달릴 수 있습니다. 그런데 사람이란 더욱 빨리 달리고 싶은 욕망이 있기 때문에 자신의 한계를 지나 더욱 빠르게 달리게 됩니다. 이때 필자도 입이 약간 벌어지면서 한 번씩 날숨을 입으로 합니다.

그러니 필자도 전문가들이 말한 "호흡은 코와 입을 모두 이용한다."라는 말을 크게 부정하지는 않겠습니다. 그러나 어느 것을 주로 사용해야 하는가 하는 문제는 러너의 선택이겠지요. 코로만 숨 쉬면서 달리면 오래 달려도 크게 지치지 않습니다.

자신의 페이스를 넘어가면 자신도 모르게 입을 벌리게 됩니다. 하지만 계속 연습하여 달리는 속도가 빨라져 이 페이스에 익숙해지게 되면 다시 코로만 호흡이 가능합니다. 하지만 너무 무리하지 않는 것이 좋습니다.

호흡: A) 미소 호흡-웃으면 복이 온다

1. 독자 여러분이 가장 먼저 배워야 할 것은 미소 호흡입니다. 미소 호흡이란 글자 그대로 미소를 지으면서 호흡을 하는 것을 말합니다.

2. 방법

1) 미소를 짓기 위하여 입꼬리를 위로 올립니다.

2) 입꼬리를 위로 올린 채 코로 호흡(들숨과 날숨)을 합니다.

3. 효과

1) **입꼬리를 올린 채 미소 지으며 코로 호흡을 하면 평상시보다 훨씬 많은 양의 공기가 폐로 들어옵니다.**

   입꼬리를 올리면 비강 내부의 공간이 약간 확장되는 것을 느낄 수 있습니다. 코 내부 공간이 확장되면 당연히 더 많은 공기가 코로 들어갈 수밖에 없습니다. 코 내부가 넓어졌으니 당연히 폐로 들어가는 공기의 양이 많을 수밖에 없습니다.

2) **미소를 띤 채 호흡을 하면 평상시보다 공기가 폐 깊숙이 들어가 온몸이 시원해지는 것을 느낄 수 있습니다.**

   왜 공기가 평상시보다 더 깊숙이 들어가는 느낌을 주는지 정확하고 논리적인 이유는 모르겠습니다. 단지 평상시보다 많은 양의 공기가 들어가거나 비강과 연결된 기도도 약간 더 크게 확장이 되었기 때문이 아닌가 하는 추론만 하고 있습니다.

3) **미소 띤 상태에서는 입으로 들숨을 하는 것이 평상시보다는 어려**

워집니다.

미소를 짓기 위하여 입꼬리를 위로 올려 입을 벌리면 평상시보다는 입이 잘 벌어지지 않고 입 내부 공간과 기도와 연결되는 부분이 좁혀지게 됩니다.

좁혀진 작은 공간 때문에 입으로 공기를 들이마시는 것(들숨)이 그리 쉽지 않습니다. 하지만 입으로 공기를 내쉬는 것(날숨)은 그리 문제가 없이 할 수 있습니다.

즉, 미소 띤 상태에서는 날숨을 입으로 하는 것은 전혀 문제가 없으나, 들숨을 입으로 하려면 약간 부자연스럽게 됩니다. 달리기를 하면서 계속해서 미소 띤 얼굴을 하고 있으면 입으로 호흡하기가 불편하고 코로 호흡하는 것이 쉬워집니다.

4. 달리기 이야기를 하다가 갑자기 미소 이야기, 즉 웃으면 복이 온다는 이야기를 하니 얼마나 황당하겠습니까? 그러나 달리기에서 호흡이란 것은 달리기의 거의 모든 것이라고 할 수가 있습니다. 아무리 근육이 강하게 발달했다고 해도 호흡을 제대로 하지 못하면 아무런 소용이 없습니다.

호흡은 달리기의 기본이자 생명을 유지하는 데 필요한 가장 근원적인 것입니다. 그래서 미소 호흡에 대한 설명을 조금 더 하려고 합니다.

5. 우연히 내가 발견한 '미소 호흡'은 정말 중요한 호흡법입니다.

이때까지 누구도 이런 호흡을 이야기한 사람이 없습니다. 정말 이해할 수가 없습니다. 미소에 대한 이야기는 단지 "웃으면 복이 온다."라는 말뿐입니다.

그런데 왜 웃으면 복이 오는 걸까요? 미소를 지으면 정말 복을 받아

하늘에서 재물이 떨어집니까?

가장 근거 있는 말은 미소를 지은 얼굴은 남에게 좋은 인상을 주기 때문에 이것이 나중에 결과적으로 좋은 결실을 가져올 수도 있다는 겁니다. 하지만 가만히 생각해 보면 이것도 모순이 있습니다. 좋은 결과는 미소 띤 얼굴이 아니라 자신이 일을 어떻게 했는가 하는 결과에 따라 좌우된다고 하겠습니다.

물론 좋은 결과가 생기면 미소 지은 얼굴이 좋은 촉매 역할을 했다고 생각할 수는 있습니다. 하지만 미소가 좋은 결과를 만드는 결정적 요인은 아닙니다.

그런데 왜 이런 말이 생긴 걸까요?

6. "웃으면 복이 온다."라는 말은 옛날부터 있었던 말이기 때문에 우선 이 말에서 말하는 '복'이라는 것이 무엇인지 생각해 보았습니다. 지금은 복이라면 단순히 재물을 의미하는 것으로 사용되는 것 같습니다. 하지만 옛날에는 복이라는 것은 인간이 가지는 오복(五福)을 의미한다고 했습니다.

오복이란 수(壽), 부(富), 강녕(康寧), 유호덕(攸好德), 고종명(考終命)이라고 합니다. 물론 다른 책에는 오복을 다르게 표현하기도 하지만 수와 부 그리고 강녕은 반드시 들어갑니다. 이 말은 복이란 건강하게(강녕) 오랫동안 살면서(수) 적당한 재물(부)이 있어야 한다는 뜻일 겁니다.

미소 짓는 얼굴이 남에게 좋은 인상을 주기는 해도 직접적으로 재물을 주지는 않습니다. 그러나 미소 짓는 얼굴이 남에게 좋은 인상을 주고 또 건강하게 오래 살 수 있도록 한다면 정말 "웃으면 복이 온다."라는 말이 옳다고 하겠습니다.

7. 우선 미소를 짓기 위해서는 입꼬리를 위로 올려야 합니다. 입꼬리를 올리면 평상시보다 비강이 넓어지면서 코로 흡입할 수 있는 공기의 양이 많아집니다.

많은 양의 신선한 공기가 폐로 들어가게 하는 것은 심신을 상쾌하게 만들고 몸을 건강하게 만드는 가장 좋은 방법입니다. 폐가 건강해야 오래 산다고 하는 광고가 TV나 신문에 얼마나 많은지 여러분은 알 것입니다. 다른 건강 보조 기구가 없이 단지 미소를 지으면 많은 신선한 공기를 폐가 받아들이게 되어 건강하게 오랫동안 살 수 있는 기반이 된다고 하겠습니다.

정말 "웃으면 복이 온다."라고 하겠습니다.

8. 이 '미소 호흡'을 평상시에도 의식적으로 하면서 차츰 자신의 습관이 되도록 해야 합니다. 그러면 **달리면서 코로 제대로 호흡할 수 있는 첫 번째 기초가 마련된 것**이라고 하겠습니다. **어렵지 않은 일이기 때문에 약간의 관심만 가지면 충분히 습관으로 만들 수 있습니다.** 본래부터 미소를 짓고 있는 표정을 하고 있는 사람은 정말 복을 타고났다고 하겠습니다. 그러나 선천적으로 타고난 사람이 아닌 많은 사람은 미소를 짓기 위하여 입꼬리를 의식적으로 올려야 합니다. 억지로라도 미소를 지으면서 남에게 좋은 인상을 주고 또 폐를 건강하게 만들 수 있다면 정말 좋은 일일 것입니다.

호흡: B) 엉덩이 호흡

1. 엉덩이 호흡이란 호흡을 하기 위해서 폐를 압박하고 이완하는 근육으로 엉덩이 근육을 이용하는 방법을 말합니다.

2. 방법

1) 엉덩이 근육에 힘을 주면서 숨을 내쉽니다. (날숨)

2) 엉덩이 근육에 들어간 힘을 빼면서 숨을 들이켭니다. (들숨)

3) 엉덩이 근육에 힘을 주고 빼는 것을 반복합니다. (날숨〉들숨〉날숨〉들숨)

4) 들숨 날숨 어느 것을 먼저 해도 관계없으며, 아주 간단하기 때문에 쉽게 할 수 있습니다.

3. 효과

1) 공기가 가슴 깊이 들어갑니다.

엉덩이에 힘을 주고 빼며 배 근육도 같이 움직이기 때문에 단순히 배만 움직여 횡격막을 자극하는 것보다는 더욱 적극적으로 횡격막을 움직일 수가 있어 공기를 더욱 깊이 폐에 흡입할 수 있습니다.

2) '엉덩이 호흡'을 하기 위하여 엉덩이에 힘을 주고 빼면 아랫배도 저절로 움직이게 되어 소위 단전 호흡을 쉽게 할 수 있습니다.

3) 근육에 힘을 주고 빼는 것은 근육 단련의 당연한 방법이기 때문에 엉덩이 근육을 강하게 발달시킬 수 있습니다.

이것은 달리기에서 굉장히 중요한 일입니다. 달리기를 직접 하는 **다리를 직접적으로 움직이는 몸통 근육은 엉덩이 근육이기** 때문입니다.

4) 날숨 때 엉덩이 근육에 힘을 주면 골반뼈를 강하게 조이게 되어 척추가 바로 서게 됩니다. 정말로 중요한 효과입니다.

4. 호흡에 대한 자료를 찾아보면 단전 호흡이나 이와 비슷한 복식 호흡에 대한 것이 대부분입니다. 하지만 우리가 단전 호흡을 한다는 것은 쉽지 않습니다.

우리가 의식적으로 아랫배를 움직이면서 호흡을 하려고 해도 자신도 모르는 순간에 단전 호흡을 하지 않고 있는 자신을 보게 됩니다. 그리고 억지로 단전 호흡을 해도 폐에 공기가 시원하게 들어가는 것 같지도 않습니다. 차라리 배 전체를 불리고 조이는 복식 호흡을 하면 공기가 시원하게 폐로 들어가는 것 같습니다. 이런 이유 때문에 필자는 왜 단전 호흡을 그토록 강조하는 서적이나 정보가 많은지 이해할 수 없습니다. 호흡법이라면 무엇보다도 먼저 폐에 신선한 공기를 가득 공급해야 하는 것이 일차적 목적이라고 생각하기 때문입니다. 필자는 호흡에 대한 전문가가 아니기 때문에 단전 호흡의 효능과 방법에 대해서는 일반적인 지식 외에는 없습니다.

필자도 단전 호흡이라는 것을 해 보지 않은 것은 아닙니다. 그러나 아랫배만을 움직여서 폐에 공기를 가득 넣는 것은 일반인들에게는 상당히 힘든 일이라고 생각합니다. 버스나 전철에서 단전 호흡을 해 보지만 절대 쉬운 일이 아닙니다. 아마 이 호흡은 호흡보다는 다른 것, 즉 성 기능 강화 때문에 하는 것 같습니다.

5. 단전 호흡이나 복식 호흡을 하는 것은 횡격막을 원활하게 움직이게 하여 폐의 수축, 이완을 활발하고 깊이 하려고 하는 것 같습니다. 하지만 횡격막을 원활하게 움직이게 하려면 단지 아랫배에 힘을 주는 단

전 호흡보다는 엉덩이에 힘을 주고 빼는 엉덩이 호흡이 훨씬 효과적입니다. 엉덩이에 힘을 주면 아랫배를 포함한 배뿐 아니라 윗배, 허리 등 전체에 힘이 들어가고, 엉덩이에 힘을 빼면 엉덩이를 포함한 배 전체가 이완되는 것을 알 수 있습니다. 그리고 복근에 힘을 주기 위하여 아랫배에 힘을 주고 빼는 것보다는 엉덩이에 힘을 주고 빼는 것이 훨씬 쉬울 뿐 아니라 배가 훨씬 잘 움직인다는 것을 알 수 있습니다. 배가 잘 움직인다는 것은 그만큼 공기를 많이 받아들일 수 있다는 뜻이 아니겠습니까?

쉽고 더 많은 공기를 제공하는 방법을 두고 굳이 어려운 방법을 선택할 이유가 어디에 있습니까? 호흡이란 인간이 생존하기 위한 가장 근원적인 것이기 때문에 쉽게 호흡을 할 수 있어야 한다는 것이 올바른 생각인 것 같습니다.

6. 그런데 엉덩이 호흡과 단전 호흡(복식 호흡)은 또 다른 문제가 있습니다. 즉, **이들 엉덩이 호흡, 단전 호흡 그리고 복식 호흡같이 배 근육을 사용하는 호흡은 달리기 등 격렬한 운동을 계속할 때는 사용할 수 없다는 것**입니다. 이런 호흡은 가만히 있거나 평상시의 온건한 움직임 하에서만 할 수 있습니다. 격렬한 운동인 달리기를 할 때는 배를 긴장시켜야만 제대로 달릴 수가 있습니다. 이 말은 필자의 주장이 아니라 전문가가 말하는 '바람직한 달리기 자세'에서 요구하는 자세 중 하나입니다. 달리기 자세에 있는 '❼ 배: 약간 힘을 주어 안쪽으로 당긴다.'를 기억해야 합니다. 이것은 추후에 말하겠지만 배에 힘을 주고 달려야 빠르고 쉽게 달릴 수가 있습니다. 즉, 배에 약간 힘을 주고 안으로 당긴 상태를 유지하려면 배에 계속해서 힘을 줘야 하는 상태가 됩니

다. 이 상태에서 제대로 된 단전 호흡이니 복식 호흡을 할 수가 있겠습니까? 달리는 것은 가만히 있는 것과는 다르기 때문에 배나 엉덩이가 아닌 신체의 다른 부분을 움직여서 호흡해야만 합니다. 바로 다음 장에서 그것과 직접적으로 관련된 호흡을 설명합니다. 어쨌든 **평상시 엉덩이 호흡을 하면 1) 단전 호흡을 저절로 할 수 있고 2) 생각보다 많은 공기가 폐로 들어가며 3) 골반을 강하게 조여 척추가 바로 서게 되어 자세가 바르게 되며 4) 다리를 움직이는 주 근육인 엉덩이 근육을 단련할 수가 있습니다.** 위에서 말한 효과 중에서 1), 2)는 운동하지 않는 평상시의 엉덩이 호흡에 관한 것이지만, **3), 4)는 달리기와 직접적으로 관련이 있습니다.**

달리기란 결국 다리를 얼마큼 움직일 수 있는가 하는 문제입니다. 그리고 다리를 가장 직접적으로 움직이게 하는 근육이 엉덩이 근육입니다. 그러므로 엉덩이 근육에 강한 힘을 주어 엉덩이 근육을 강하게 하는 호흡을 평상시에 하지 않을 이유가 없습니다. 엉덩이 근육이 강해져야 달리기를 오래 할 수 있고 빠르게 달릴 수 있기 때문입니다. 몸에 있는 근육 중 엉덩이 근육보다 큰 근육은 거의 없다는 사실이 무엇을 의미하는지 한번 생각해 보시기 바랍니다. 엉덩이 근육은 몸에 있는 모든 근육을 강하게 만드는 가장 기본이 되는 근육입니다. 평상시 호흡을 하면서 엉덩이 근육을 단련할 수 있는 엉덩이 호흡을 하지 않을 이유가 없습니다. 엉덩이 호흡을 하게 되면 자연적으로 단전 호흡도 어렵지 않게 할 수 있게 되니 더욱 좋습니다. 단전 호흡을 평상시에 쉽게 하는 사람은 엉덩이 근육에 항상 힘을 주고 있는 경우라고 보면 됩니다. 신체적으로 복을 타고난 사람이라고 하겠습니다.

7. 『달리기 분석』에서는 앞으로 자세를 분석하면서 엉덩이 근육에 대한 말이 자주 나올 겁니다. **엉덩이 근육은 인체에서 가장 근원적인 힘을 내는 인체의 엔진입니다.** 또한 달리기를 할 때 다른 근육은 지쳐도 엉덩이 근육은 지치지 않습니다.

호흡: C) 어깻죽지 호흡(날개 호흡)

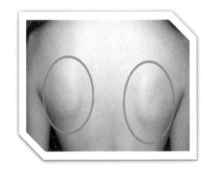

〈그림 1. 어깻죽지〉

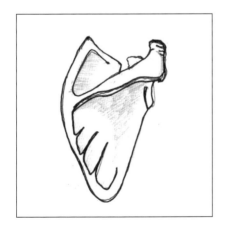

〈그림 2. 어깻죽지 뼈〉

1. 어깻죽지 호흡은 등에 있는 어깻죽지를 이용하여 호흡하는 것을 말합니다.

이 호흡은 너무나 중요한 것으로 달리기를 할 때는 배를 이용한 호흡이 아니라 이 어깻죽지를 이용하여 호흡해야 합니다.

이 방법으로 호흡하면서 달리기를 하면 비로소 코만 사용하여 호흡(들숨과 날숨)을 할 수 있게 됩니다.

2. 방법

1) 팔꿈치를 90도 정도로 만들어 팔을뒤로 밀면서(이때 어깻죽지도 같이 뒤로

밀립니다) 들숨을 합니다.

2) 팔을 앞으로 쭉 뻗으면서(뒤로 밀린 어깻죽지가 바로 됩니다) 날숨을 합니다.

3. 효과

1) 배를 움직이지 않아도 신선한 공기가 폐에 가득히 깊숙하게 들어오는 것을 느낄 수 있습니다.

폐에 공기가 깊숙이 들어오게 되면 배 부분이 아니라 등과 허리가 연결되는 부분이 시원해집니다.

2) 달릴 때 배에 힘을 강하게 준 상태로 배로 호흡하지 않으면서도 팔만 움직이면 많은 양의 공기가 쉽게 폐에 들어갑니다.

이렇게 되는 이유는 5번째 자세인 팔에서 설명합니다.

4. 이 호흡법은 너무나 중요합니다. 이때까지 이렇게 중요하고 결정적인 호흡법에 대한 이야기가 없었다는 것이 너무나도 이상합니다. 왜 이 호흡에 대한 어떤 이론도 없는 것일까요?

이것은 호흡이라는 것을 중시하는 동양 사회에서 호흡을 연구할 때 달리고 있는 몸 상태가 아닌, 그냥 서 있거나 앉아 있는 상태의 몸을 중점적으로 연구한 결과가 아닌가 하고 추론해 봅니다. 움직이고 있는 인체의 활동을 살피고 연구하는 것은 그리 쉽지 않았을 겁니다. 그러니 연구하는 대상은 그냥 움직이지 않고 멈추어져 있는 상태(완벽하게 멈춘 상태는 아닐 겁니다)의 인체가 아니었나 생각해 봅니다. 하지만 이런 논의는 더 이상 여기에서 깊이 들어가지 않겠습니다. 필자도 여기에 대해서는 전문적인 지식이 없기 때문입니다.

어쨌든 호흡이라는 것은 폐를 둘러싸고 있는 기관들의 움직임에 따라 폐의 크기를 팽창, 축소함으로써 공기가 폐에 흡입, 배출되는 것입니다. 그리고 배에는 단단한 근육보다는 내장 등 부드러운 기관들이 있기 때문에 폐가 잘 팽창할 수 있는 여지가 있다고 하겠습니다.

그러니 배를 불리면 폐가 팽창을 쉽게 할 수가 있어 공기를 잘 흡입할 수가 있게 됩니다. 반대로 배를 압박하여 안으로 당기면 폐가 축소되어 폐에 있는 공기가 기도를 통해 몸 밖으로 배출되는 겁니다. 하지만 이런 호흡이 가능할 때는 격렬한 운동을 하는 때가 아니라 가만히 있거나 크게 움직이지 않을 때입니다.

달리기는 격렬한 운동입니다. 우리는 격렬하게 움직이면서 호흡을 쉽게 할 수 있는가 하는 문제에 봉착한 것입니다.

다시 생각하면 **폐를 팽창, 수축할 수 있도록 하는 인체 부분이 배뿐인가 하는 의문이 듭니다.** 분명 다른 부분이 있을 겁니다. 가만히 있을 때 폐를 수축, 팽창하는 인체 부분과 달리면서 폐를 팽창, 수축할 수 있는 인체의 부분은 분명히 다를 것입니다.

상황이 다르게 되면 분명 인체의 다른 부분을 이용하여 호흡을 할 수 있도록 진화되었을 것입니다.

5. 바람직한 달리기 자세 ❼은 '배: 약간 힘을 주어 안쪽으로 당긴다.' 입니다. 우리가 달리기를 하면서 배를 안으로 당길 수 있다면 생각 외로 정말 편안하고 빠르게 달릴 수 있습니다(정말 빠르게 달릴 수 있습니다. 자세한 내용은 후술합니다). 그런데 여기서 정말 심각한 문제가 발생합니다.

배를 안으로 당기면 배를 이용하여 호흡을 할 수 없습니다. 배를 이용하여 폐를 수축, 팽창할 수 없기 때문입니다. 물론 가슴을 이용할 수도 있겠지만 배를 움직이지 않으면 가슴도 수축 팽창할 수 없습니다. 그러므로 달릴 때는 가만히 있을 때와는 다른 방법으로 폐를 수축, 팽창할 수 있어야 합니다.

이런 이유 때문에 인간은 달릴 때 배의 움직임이 아닌 다른 방법으로 폐를 팽창, 수축할 수 있는 인체 구조를 만들었습니다.

그것이 등에 있는 어깻죽지입니다. 인체에 있는 수많은 뼈 중에서 등에 있는 커다란 두 개의 어깻죽지 뼈는 마치 솥뚜껑 같습니다. 이 어깻죽지 뼈는 **견갑골(肩胛骨) 또는 날개 뼈**라고 합니다. 이 솥뚜껑 같은 뼈가 움직이면서 폐를 수축, 팽창하도록 한다면 어떻겠습니까?

즉, 커다란 어깻죽지 또는 날개 뼈가 허파를 누르고 있는 솥뚜껑이라면 그것을 움직이게 함으로써 폐는 어깻죽지 뼈의 움직임에 따라 활발하게 팽창, 수축을 할 수 있을 겁니다. 즉, 달릴 때 배를 굳이 움직이지 않아도 호흡을 원활하게 할 수 있다는 말이 됩니다.

인체 구조의 뼈 부분을 찾아보면 어깻죽지 뼈 또는 날개 뼈(견갑골)는 인체의 다른 뼈와는 다르게 정말 넓적한 뚜껑이나 날개(그림 2)처럼 생겼습니다. 그리고 이것을 어떻게 움직이는가 하는 것은 앞에서 이미 이야기했습니다.

6. 필자는 의사나 인체공학자가 아닙니다. 그래서 이 어깻죽지 뼈가 폐를 수축, 팽창한다는 것에 어떤 근거를 댈 수가 없습니다. 하지만 이 책을 읽고 있는 독자 여러분도 당장 어깻죽지를 뒤로 밀면서 공기를 흡입해 보십시오. 공기가 정말 시원하게 폐에 가득 차는 것을 느낄 수 있을 겁니다. 배를 전혀 움직이지 않고 오직 어깻죽지 뼈만 움직여도 호흡을 할 수 있다면 이보다 더 정확한 근거가 어디에 있습니까?

이 어깻죽지 호흡은 주로 달릴 때 사용하는 호흡이지만 평상시 또는 걸음을 걸을 때도 할 수 있는 호흡입니다. 가슴이 답답하거나 졸음이 올 때 이 호흡을 하면 가슴에 신선한 공기가 가득 들어와 답답함이 경감되고 졸음이 가시는 것을 느낄 수 있을 겁니다.

평상시에는 양팔을 90도 정도로 구부린 채로 같은 방향으로 움직이면 되고, 걸음을 걸을 때도 팔을 약간 구부린 채로 서로 교차하면서 흔들어 어깻죽지 뼈가 자연스럽게 움직이도록 하면 됩니다.

7. 어깻죽지를 적극적으로 움직이면서 미소 호흡을 하면 오직 코만으로 호흡을 하면서 달리기를 할 수 있습니다. 미소를 짓기 위하여 입꼬리를 올린 상태에서 달리기를 하면서 어깻죽지를 올바르게 적극적으로 움직이면 오직 코로만 부드럽게 호흡을 할 수 있습니다.

그러나 달리기를 하지 않던 사람이 달리기를 시작하면서 이렇게 한다고 해서 당장 코만으로 호흡을 할 수는 없을 겁니다. 하지만 조금만 신경 쓰면서 연습하면 오래지 않아 코로만 호흡하는 방법을 스스로 알게 될 겁니다. **어떤 이론이든지 그것을 실행하기 위해서는 연습이 필요한 것입니다.**

이 두 가지 호흡, **즉 미소 호흡과 어깻죽지 호흡을 반드시 달리면서 할 필요는 없습니다. 평상시 또는 걸음을 걸으면서 연습해도 됩니다. 오히려 이런 평상시의 연습이 더욱 중요하다고 하겠습니다.** 그런데 걸음을 걸으면서 어깻죽지 호흡을 하려면 처음에는 팔을 90도 정도로 구부린 상태에서 팔을 앞뒤로 흔들면서 걸으면 좋습니다.

그냥 팔을 늘어뜨린 채 흔들면서 걸으면 어깻죽지 뼈(견갑골, 날개뼈)가 잘 움직이지 않습니다.

이것은 어깻죽지 호흡에서는 팔의 움직임이 매우 중요하다는 의미입니다(물론 나중에 팔 흔드는 방법을 알게 되어 가슴뼈에 있는 근육인 전거근(前鋸筋)과 팔에 있는 이두박근에 힘을 줄 줄 알게 되면, 걸을 때 팔을 굳이 구부리지 않아도 척추를 중심으로 가슴 전체를 앞뒤로 움직이면서 어깻죽지 호흡을 편하게 할 수 있습니다).

'바람직한 달리기 자세'의 네 번째는 손이고, 다섯 번째는 팔입니다. 손과 팔에 대한 분석에서 **어떻게 어깻죽지 호흡을 효과적으로 하는지**에 대한 설명을 하겠습니다.

8. 달리기를 할 때 너무나 숨 가쁘고 힘들어서 잠시 달리기를 멈추어 걸으면서 어깻죽지 호흡을 하면 금방 숨이 정상적으로 돌아오고, 또 활기를 쉽게 회복하여 다시 뛰는 데 전혀 문제가 없습니다. 보통 달리다가 멈추면 새로 뛰는 것이 힘듭니다. 그러나 어깻죽지 호흡을 하면서 조금 걸으면 금방 호흡을 회복하기 때문에 다시 힘을 내어 뛰는 데 그다지 어렵지 않습니다.

이 어깻죽지 호흡은 그 효과가 너무나 놀랍기 때문에 달리기를 하지 않더라도 평상시에 하면 도움이 될 것입니다. **가슴 깊이 시원한 공기가 가득 들어오면 졸음과 우울한 생각도 달아납니다.**

호흡: D) 코호흡을 잘할 수 있는 방법

1. 앞에 있는 호흡법을 알았다고 해서 달리기를 하면서 당장 코로만 들숨 날숨을 할 수가 없을 겁니다. 하지만 달리기를 하려고 마음먹었다면 처음부터 코로만 들숨 날숨을 하겠다는 각오를 해야 합니다.

여기서는 달리기를 시작하려고 마음먹은 독자 여러분을 위해서 어떻게 호흡 연습을 해야 하는지 필자의 경험을 중심으로 이야기하려고 합니다.

2. 앞에서도 이야기했지만 필자는 건강한 편이었지만 달리기는 젬병이었던 사람이었지만 지금은 빨리 달리려고 하는 욕심을 버리고, 필자의 페이스대로 달리면 10km를 매일 달릴 수가 있습니다. 하지만 필자도 더 빠르게 달리고 싶은 욕망을 억누르지 못하고 달릴 때마다 약간 과속합니다. 이런 과속에도 불구하고 11~12km의 거리(응봉역~반포대교 왕복)를 일주일에 3~4번은 뜁니다. 잘 뛰는 사람은 비웃을지 모르겠습니다.

하여튼 필자가 달리기를 시작할 때는 정말 호흡이 가빠져서 1km를 제대로 뛰지 못했습니다. 그때 어떻게 대처했는지 이야기하겠습니다.

1) **목적지를 정하기는 하되 그곳까지 완주하겠다는 생각을 버려야 합니다.** 건강을 위하여 달리기를 하는데 괴롭게 달릴 이유가 없습니다. 뛰다가 숨이 차고 힘들면 미련 없이 달리는 것을 멈추고 걸으면 됩니다. 이때 걸으면서 어깻죽지를 움직이면서 호흡하십시오. 금방 숨찬 것이 정리됩니다. 그리고는 **엉덩이 근육에 힘을 주면서** 다시 달리면 됩니다(이것도 힘들면 그냥 걸어서 집으로 돌아오면 됩니다).

2) 처음에는 코로 숨을 쉬는 것이 어렵습니다. 하지만 너무 빨리 달리지 않으면 점차 코로 숨을 쉴 수가 있습니다. 물론 이때도 너무 힘들어 입으로 호흡하고 싶으면 망설이지 말고 하십시오. 우리는 달리기를 하면서 건강해지기를 바라는 것이지 자신을 학대하려고

하는 것이 아닙니다. 무리하지 않으면서 몇 번 시행착오를 하면 (사실은 몇 번이 아니라 많은 시행착오를 합니다) 코로 숨을 쉬기 위한 자신의 페이스를 점차 알 수 있습니다.

자신의 페이스를 안 후에 그 페이스에 맞게 달리면 코로만 들숨 날숨을 할 수 있습니다. 그러면 달리기가 그렇게 힘들지 않게 됩니다.

3) 코로 숨 쉬는 것을 가로막는 가장 중요한 장애는 어떻게 달리느냐가 아니라 **러너가 자신의 콧구멍 두 개를 온전히 사용할 수 있느냐** 하는 문제입니다.

콧구멍 두 개가 제대로 뚫려 있지 않으면 코로 숨 쉬는 것이 어렵습니다. **항상 콧구멍 두 개가 뚫려 있는 사람은 복 받은 사람입니다.** 대부분은 한 개의 콧구멍은 확실히 뚫려 있는데 나머지 한쪽이 애매모호합니다(뚫린 것 같기도 하고 아닌 것 같기도 하고, 약간의 콧물이 있는 것 같기도 하고 없는 것 같기도 합니다). 달리기는 생각 외로 굉장히 격렬한 운동입니다. 때문에 코에 약간의 콧물이 남아 있다면 처음에 별문제 없이 코로 호흡을 할 수 있는데 점차 콧물의 양이 많아지면서 제대로 코호흡을 할 수가 없게 되는 경우가 많습니다.

필자도 처음 달리기를 시작할 때는 콧구멍 두 개가 확실하게 뚫려 있지 않아 많은 고생을 했습니다. 그래서 필자는 손가락으로 콧구멍을 누른 후 누르지 않은 코를 푸는 방법(양쪽 콧구멍에 다 함)을 사용하여 콧구멍이 청결할 수 있도록 관리했습니다. 이 방법을 사용할 때는 조심해야 합니다. 사람이 많이 있는 곳에서는 하지 않는 것이 좋을 것 같습니다.

4) 코로만 숨을 쉬기 위해서는 자신의 페이스보다 빠르게 달리면 안 됩니다. 하지만 인간이란 더욱 빨리 달리고 싶은 욕망이 있기 때문에 어느 정도 자신이 생기면 속도를 더 빨리 내고 싶습니다. 이때도 망설이지 말고 속도를 내면 됩니다.

속도를 내면 호흡이 가빠지게 됩니다. 이때 미소 띤 얼굴을 하고 입을 살짝 열고 한 번씩 날숨을 하면 됩니다. 들숨을 입으로 하면 절대 안 됩니다(사실 미소를 짓고 있으면 입으로 들숨하기가 쉽지 않습니다).

오버 페이스를 몇 번을 하면서 달리는 연습을 하면 어느 순간 오버 페이스를 한 상태가 자신의 페이스가 됩니다. 그때는 자연스럽게 다시 코로만 호흡을 하게 됩니다. 그리고 이런 것을 반복하면서 지금 달리는 것보다 더욱 빠르게 달릴 수 있습니다(물론 한계는 있을 겁니다).

5) 달리는 것에 자신감이 붙고 오직 코로만 숨 쉬는 것이 가능하게 되면 코로 들숨을 깊게 합니다. 처음에는 들숨을 짧게 연달아서 두 번을 합니다. 그러면 좌측 폐와 우측 폐 모두에 공기가 들어와 달리는 것이 더욱 가벼워집니다. 이런 호흡 연습을 하면 차츰 들숨 한 번을 깊게 할 수가 있을 뿐 아니라 날숨은 들숨보다 더욱 길게 할 수 있습니다.

호흡에 맞추어 팔다리를 놀리면 정말 편안하고 즐겁게 달리기를 할 수가 있습니다.

5. 머리: 똑바로 들어서 지면과 수직이 되게 한다

1. 머리를 똑바로 들어 지면과 수직이 되게 한다는 것이 전문가들의 요구하는 두 번째 자세입니다. 이 자세는 시선과도 관련이 있습니다.

2. 방법

1) 머리를 똑바로 든다.

2) 단순한 이 자세가 쉬운 것 같지만 사실 머리를 똑바로 한 상태를 오랫동안 유지하는 것이 그리 쉽지는 않습니다. 하지만 **엉덩이 근육에 강한 힘을 주어 골반을 강하게 조이면 척추가 바로 서서 머리를 쉽게 똑바로 세울 수 있습니다.**

3. 효과 머리를 똑바로 세우면 **머리가 몸의 무게 중심에 위치하기 때문에 달리는 에너지를 전방으로 집중**할 수 있습니다.

1) 머리를 앞으로 숙인 경우: 달리는 에너지가 앞으로 쏠려 빨리 가는 것 같지만, 머리 무게가 배 부분에 부담을 주어 다리를 힘차게 높이 올리지 못하여 결국은 속도가 줄게 되고 빨리 지칩니다.

2) 머리가 뒤로 젖혀진 경우: 앞으로 가는 에너지가 아니라 뒤로 가는 에너지가 발생하게 되어 속도가 줄어들게 되어 달리기에 방해가 됩니다.

3) 머리가 좌우로 처지거나 머리를 흔드는 경우: 달리는 에너지가 한 곳으로 집중되지 않고 분산되어 달리기에 방해가 됩니다.

4. 머리를 똑바로 세우라는 말은 너무나 명확하여 따로 할 말이 없을 정도이기는 하지만 전문가들이 이 명확한 자세를 따로 이야기한 것에는 분명 이유가 있을 것입니다. 필자가 달리기를 하면서 보면 고개를 앞으로 숙인 러너, 고개가 뒤로 약간 젖혀져 있는 러너 그리고 고개를 좌우로 흔들거나 한쪽으로 쏠린 상태의 러너 등등을 볼 수 있었습니다. 이것은 목을 바로 세우지 않고 달리는 러너들이 생각 외로 많이 있다는 뜻입니다.

달리기란 앞으로 가는 운동입니다. 즉, 모든 운동 에너지가 몸이 앞으로 나가는 데 도움이 되어야 하고 머리도 그것에서 예외가 되어서는 안 됩니다. **머리는 인체에서 가장 무거운 부분**이라는 것을 기억해야 합니다. 그래서 머리를 똑바로 들어서 몸의 중심에 머리가 놓이도록 해야 무거운 머리 부분을 지탱하기 위한 여분의 목 근육과 에너지가 사용되어 낭비되는 것을 막을 수 있습니다.

5. 어떻게 하면 머리가 바로 서는지 대부분의 사람은 알고 있지만 그것을 실천하는 사람은 별로 없는 것 같습니다.

즉, 머리를 바로 세우기 위해서는 척추가 바로 서야 합니다. 척추를 바로 하기 위하여 허리에 힘을 줘야 한다고 말하는 사람이 많습니다. 그런데 허리에 힘을 주기 위해서는 엉덩이 근육에 힘을 줘야 합니다. **엉덩이 근육을 사용하지 않고 허리에 힘을 주는 것이 얼마나 어려운지 실험해 보시기 바랍니다.**

어떤 건물을 지탱하는 기둥이 바로 서기 위해서는 기둥 자체도 튼튼해야 하지만 더욱 중요한 것은 기둥이 그 기둥을 받치는 초석에 제대로 박혀 있어야 합니다. 즉, 초석이 기둥을 제대로 죄어야 한다는 뜻입니다.

우리 인체에서 척추는 몸을 지탱하는 기둥입니다. 하지만 척추를 바로 서게 하는 기반은 척추를 바치고 있는 골반입니다. 하지만 인체 구조상 골반뼈 자체가 스스로 척추를 받치지는 못합니다. 골반뼈를 감싸고 있는 커다란 엉덩이 근육이 골반뼈를 강하게 압박해야만 골반뼈가 안으로 모이면서 비로소 척추를 강력하게 받칠 수가 있는 것입니다. 즉, **골반뼈를 조이는 엉덩이 근육이 강해야만 척추가 똑바로 설 수 있다**는 말이 됩니다.

필자는 이런 이유로 머리를 바로 세우기 위해서는 엉덩이 근육으로 골반을 강하게 조여야 한다고 생각합니다. 엉덩이 근육에 힘을 주면 당연히 아랫배 근육과 허리 근육 등에 힘이 들어가 척추가 바로 서면서 머리를 똑바로 세울 수 있습니다.

6. 사실 전문가들이 말하는 열 가지 달리는 자세는 서로서로 연관되어 있습니다. 한 자세가 무너지면 차례로 다른 자세도 무너집니다. 그러나 한 자세가 바로 되면 차례로 다른 자세도 바로 될 가능성이 커집니다. 그 출발점이 엉덩이 근육입니다.

엉덩이 근육의 중요도는 아무리 강조해도 지나치지 않습니다. 엉덩이 근육은 인체 근육 중 가장 큰 근육 중 하나이며 아무리 움직여도 지치지 않습니다.

엉덩이 근육을 단련하는 운동을 하면서 우리가 힘들다고 느끼는 것은 엉덩이 근육이 지쳐서 그런 것이 아니라 엉덩이 근육과 연결된 다른 근육이 지친 것입니다. 힘든 운동을 엄청나게 많이 하여 온몸의 근육이 아파도 엉덩이 근육은 아프지 않습니다. 혹시 아파도 금방 회복됩니다.

엉덩이 근육은 인체의 지치지 않는 엔진이라고 할 수 있습니다.

달리기를 하다가 지쳐서 힘이 들 때 억지로라도 엉덩이 근육에 힘을 주면 지친 것이 회복되면서 다시 힘차게 달릴 수가 있습니다. 그렇기 때문에 **바람직한 달리기 자세를 하기 위한 올바른 시작점은 엉덩이 근육에 힘을 주는 겁니다(엉덩이호흡이 중요한 이유입니다).**

7. 참고로 지면과 머리를 85~90도 정도 유지하라고 하는 전문가들도 있습니다. 하지만 우리가 어떻게 우리의 몸이 만드는 각도를 정확하게 알 수 있겠습니까?

그것도 가만히 있는 게 아니고 격렬하게 몸을 움직이며 달리는 와중이 아닙니까? 그냥 머리를 똑바로 든다고 생각하면 될 것입니다.

6. 시선: 10~30m 전방을 쳐다본다

1. 시선 처리는 육체적인 문제보다는 정신 집중에 관계되는 것 같습니다. 물론 목을 바로 세우는 자세와도 관련이 있다고 하겠습니다.

2. 방법

1) 달릴 때 턱을 약간 몸 쪽으로 당기는 느낌을 하고 10~30m 정도 전방의 지면을 바라보도록 합니다.

2) 바라보는 지점을 달리면서 연속적으로 옮기지 말고, 한곳에 시선을 집중한 다음 그곳에 도착하면 다시 10~30m 전방에 시선을 고정시킵니다.

3. 효과

1) 달릴 때 몸 근육이 어떻게 움직이는지 알 수 있고 정신을 집중할 수 있고, 자신의 페이스(Pace)를 유지할 수 있습니다.

2) 단순한 움직임이 반복된다는 정신적 지루함을 극복할 수가 있고, 자신의 페이스(Pace)를 유지할 수 있습니다.

4. 올바르게 시선 처리를 하면서 달리면 오직 팔다리를 단순 반복하고 움직이면서 생기는 정신적인 피로도를 많이 없애 주고, 달리는 이 순간 자신의 육체가 어떻게 움직이는지 관찰할 수 있습니다.

달리기를 하는 데 방해가 되는 요소 중에서 육체적인 어려움 말고도 정신적인 문제가 있습니다. 이것은 단순한 동작에 대한 지루함입니다. 이렇게 단순한 움직임의 반복이라는 선입견 때문에 많은 사람이 달리기하는 것을 주저하고, 달리기를 시작한 러너 중에서도 이런 지루함을 이기지 못하여 결국은 달리기하는 것을 포기하기도 합니다. 하지만 달리기는 팔다리의 단순한 반복 움직임이 아닙니다.

1) 시선이 10~30m보다 더 가까운 경우: 머리를 앞으로 숙인 상태가 됩니다(앞 장의 머리 자세를 참고하기 바랍니다).

2) 시선이 10~30m보다 더 먼 경우:

    a) 외부 환경을 살피느라 달리기에 집중하지 못합니다(필자를 포함한 많은 일반 러너가 이런 오류를 저지릅니다).

    b) 멀리 보기 때문에 자신도 모르게 머리가 뒤로 젖혀집니다. 이것은 무게 중심을 뒤로 쏠리게 합니다.

    c) 멀리 보이는 목적지에 빨리 도착하기 위하여 오버 페이스를 하게 되어 쉽게 지칩니다.

3) 시선을 10~30m 정도에 두는 경우:

    a) 달리는 자신의 자세에 정신을 집중할 수 있어 자신의 팔다리가 어떻게 움직이고 몸 내부의 근육이 자신의 움직임에 어떻게 반응하는가를 관찰할 수 있습니다.

    b) 몸의 움직임을 적절하게 조절하여 덜 지치게 하고 자신에게 맞는 적당한 페이스를 유지하며 달릴 수 있습니다.

    c) 논리적으로 이해가 되지는 않지만 팔다리를 움직이는 단순 반복적인 동작이 그다지 지겹지 않다고 느껴집니다.

5. 위의 설명 중에서 4-3)에 대해서는 논리적으로 설명할 수 있는 근거가 없습니다. 하지만 시선을 이렇게 하고 뛰어 보면 필자가 말한 것을 어느 정도는 이해할 수 있을 겁니다. 시선에 대한 가장 기본적인 논

리는 4-1)의 경우와 4-2)의 경우를 피하기 위한 것이라고 할 수도 있지만 논리적으로 무엇인가 부족한 것 같습니다.

6. 4-3)에 대한 필자의 개인적인 생각은 원시 상태의 인간이 필사적으로 달릴 때 앞에 있거나 있을지도 모르는 적을 미리 파악하고 또 자신의 발이 놓이는 땅의 상태를 살피기 위하여 이 정도의 거리를 살핀 것이 아닌가 하는 겁니다. 즉, 원시 수렵 시대의 인간이 달리면서 생존을 위한 시선 처리의 거리가 결과적으로 10~30m 정도가 아니었나 하고 추론해 보면서, 이것이 오랫동안 진화하면서 우리 몸에 남아 있는 것이 아닌가 하는 생각을 해 봅니다.

물론 이런 생각을 뒷받침해 줄 어떤 논리나 증거는 없습니다. 어찌되었든 생존을 위하여 이 정도의 거리를 시선으로 확인하면서 달려야 하는 것이 우리 DNA에 각인되어 있다면, 달릴 때 본인도 인지하지 못하는 생존 욕구가 솟아 나오기 때문에 무슨 지루함이 있겠습니까?

7. 전방 10~30m 정도를 보면서 달리는 것은 생각보다도 잘되지 않습니다.

특히 달리기를 처음 시작하는 분들은 신경이 외부 여러 군데에 분산되기 때문에 자신의 전방을 주시하며 달리기를 하기가 힘듭니다. 하지만 전방 10~30m 정도를 주시하면서 달리는 것은 정말 중요합니다.

달리기를 하다 보면 자신을 앞질러 가는 러너 또는 앞에서 달리고 있는 러너나 걷는 사람 등이 눈에 들어옵니다. 사람이란 이상하게도 자신 앞에 있는 러너나 걷는 사람을 보면 그것을 앞지르고 싶은 감정이 들게 되고 자신도 모르게 달리기 속도를 내게 됩니다. **결국은 페이스를 잃게 되고 지치게 됩니다.**

하지만 10~30m 전방을 보면서 달리면 페이스를 잃지 않고 적절한 속도로 달리기 때문에 그다지 지치지 않습니다. **러너가 이렇게 달리면 몸에 있는 근육들을 다시 한번 살펴볼 수 있습니다.** 다리를 올릴 때 엉덩이 근육이 움직이는지 아니면 배 근육이 움직이는지, 또 팔을 흔들 때 팔의 위치가 어떻게 되고 광배근이 제대로 움직이는지, 착지 상태는 어떠한지 등등을 관찰할 수 있습니다. 그리고 자신의 움직임이 바람직한 달리기 자세와 맞지 않으면 차츰 고쳐 나갈 수 있습니다.

필자는 20~30m 전방의 한 지점을 타깃으로 한 다음 그곳을 향해 달립니다. 타깃 지점에 도달할 때쯤 다시 20~30m 전방의 한 지점을 타깃으로 정하고 달립니다.

이런 방법으로 달리면 다른 러너가 자신을 앞서가거나 앞에 누가 있든지 간에 크게 신경 쓰지 않고 달릴 수 있습니다. 그리고 이런 식으로 달리면 앞에 달리고 있는 러너나 목표물을 지치지 않고 따라잡은 경우가 종종 있었습니다.

필자도 10~30m 정도의 전방을 보면서 뛰는 연습을 하다가 종종 잊어버리고는 먼 곳을 보면 달린 적이 한두 번이 아닙니다. 하지만 머리에 이것을 항상 기억하면서 달리면 결국은 할 수 있었습니다. **멀리 보면서 달리면 달리는 것이 힘들고 지겨워집니다.**

달리면서 지겨워지거나 몸이 지친다고 느낄 때 더욱 10~30m 전방을 보면서 달려야 합니다. 그러면 지겹고 힘들다는 생각이 없어지면서 몸의 움직임을 새롭게 정돈하면서 페이스를 잃지 않고 달릴 수 있습니다.

7. 손: 가볍게 말아 쥔다

1. 손을 가볍게 말아 쥔다고 하는 것은 상당히 어려운 말입니다. 일단 가볍게 말아 쥔다는 뜻이 애매모호합니다. 단지 살살 주먹을 쥐는 것이 가볍게 말아 쥐는 것인지 명확하게 정의할 수가 없습니다. 사실 이 말의 의미를 정확하게 알고 있는 사람은 거의 없다고 하겠습니다. 어쨌든 이 자세를 분석하도록 하겠습니다.

2. 방법

1) **새끼손가락과 약지**로 손바닥을 가볍게 누릅니다(세게 눌러도 관계없습니다).

2) 위의 두 손가락으로 손바닥을 누르면 **손목을 부드럽게 전후좌우로 자유롭게 움직일 수 있습니다.** 바로 손을 가볍게 말아 쥔 것입니다.

3. 효과

1) 무엇을 손으로 잡아도 **손목을 유연하게 움직일 수 있습니다.**

2) 위 팔뚝에 있는 **이두박근**을 발달시키고 강하게 만들 수 있습니다.

3) 가슴 근육과 **날개 근육(광배근)**에 자극을 주어 **몸통 근육을 강하게 발달**시킬 수 있습니다.

4) **달릴 때 어깻죽지를 활발하게 움직일 수 있어 어깻죽지 호흡을 쉽게 할 수 있습니다(중요함).**

4. 손을 가볍게 말아 쥔다는 말은 그 의미를 정확하게 파악하기 어렵

습니다.

골프를 칠 때도 그립을 잡을 때 그립을 가볍게 말아 쥐어야 한다고 합니다. 그러나 그 말을 진정 이해하는 사람은 거의 없습니다. 실제로 손을 가볍게 말아 쥐는 사람도 그 자신은 자신의 개인적 경험으로 손을 가볍게 쥘 줄은 알지만 그것을 제대로 설명하지는 못합니다. 그래서 단지 어깨에 힘을 빼고 손을 가볍게 말아 쥐라고 말할 뿐입니다.

손을 가볍게 말아 쥐는 것은 달리기뿐 아니라 모든 운동에 있어서 가장 기본이 되지만 또한 가장 애매모호한 표현이라고 하겠습니다. 제대로 이 말을 실행하려면 구체적으로 어떻게 하는 것이 손을 가볍게 말아 쥐는 것인지 설명해야 할 것입니다. 『달리기 분석』에서는 '손을 가볍게 말아 쥐기' 위해서는 어떤 근육을 움직여 인체의 어느 부분에 힘을 주고 어느 부분에 힘을 주지 말아야 하는지 구체적으로 설명하겠습니다.

5. 손을 가볍게 말아 쥐는 이유가 무엇이겠습니까? 그것은 팔을 움직이고 활동할 때 팔과 관련된 관절을 부드럽게 움직이기 위해서입니다. 즉, 팔을 움직일 때 관련된 관절은 어깨, 팔꿈치 그리고 손목입니다. 이 세 개의 관절이 서로 부드럽게 연결되면 팔 전체를 부드럽고 원활하게 움직일 수 있습니다. 그런데 세 개의 관절을 부드럽게 움직이려면 어떻게 해야 합니까? 관절이란 단지 뼈와 뼈가 만나는 지점이기 때문에 그곳을 움직이려면 결국은 관절을 움직이게 하는 근육을 이용할 수밖에 없습니다. 어떤 관절에 어떤 근육을 사용하여야 손목을 비롯한 팔 관절이 부드럽게 움직이겠습니까?

손을 가볍게 말아 쥐는 것은 결국 팔에 있는 세 개의 관절을 부드럽고 원활하게 움직이게 하기 위한 겁니다.

손: A) 손을 가볍게 말아 쥐는 방법

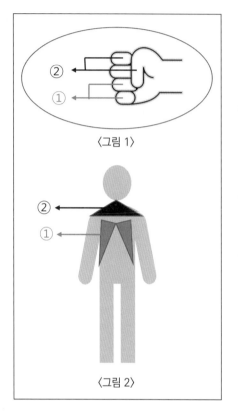

〈그림 1〉

〈그림 2〉

1. 손을 가볍게 말아 쥔다는 것은 주먹을 쥐었을 때 손목, 팔목 그리고 어깨를 유연하게 움직이도록 한다는 의미입니다. 그래야 상대방을 공격할 때 부드럽고 유연하게 타격할 수 있기 때문입니다.

이게 무슨 말이냐고 생각할 수도 있지만, 사실 사람이 주먹을 쥔다는 것은 대부분 상대(사람 또는 동물)를 공격할 때 주먹을 쥐게 되기 때문에 팔을 움직이는 손목, 팔목 그리고 어깨가 유연하게 움직여야 하는 것은 두말할 필요가 없을 겁니다. 하지만 대부분 주먹을 쥘 때는 엄지손가락과 검지(그림 1의 ②)에 힘이 잔뜩 들어가면서 주먹을 꽉 쥐게 됩니다. 그래야 정권이 강해지는 것이라고 생각합니다.

여기서 문제가 생깁니다. **전문가들은 그냥 주먹을 쥐라고 하지 않고 "가볍게 손을 말아 쥐어라."라고 합니다.**

이게 무슨 뜻입니까? 우리는 당연히 정권을 강하게 하기 위하여 엄지와 검지에 힘을 줍니다. 그런데 손을 가볍게 말아 쥔다는 것은 이것이 아닌가 봅니다.

2. 골프에서도 그립을 가볍게 말아 쥐라고 합니다. 그러면서 그립을 가볍게 말아 쥐는 방법으로 그림 1의 ②가 아니라 ①에 해당하는 새끼손가락과 약지에 힘을 주라고 합니다.

먼저 그림 1의 ②에 해당하는 엄지와 검지에 힘을 주고 주먹을 쥐어 봅니다. 보통 우리가 주먹을 쥐는 방식입니다.

그러면 그림 2의 ② 부분인 어깨 근육에 힘이 들어가는 것을 알 수 있습니다.

하지만 이 경우에는 주먹은 세게 쥐어지나 팔목과 어깨 관절에 힘이 들어가 팔의 움직임이 부드럽지 않고 원활하지 않습니다. 어깨에 힘을 빼라는 말과 반대의 현상이 나타나는 겁니다.

3. 그림 1의 ①인 새끼손가락과 약지에 힘을 주고 주먹을 쥡니다. 그러면 주먹을 쥐는 힘이 어깨 근육으로 가는 것이 아니라 그림 2의 ①인 날개 근육(광배근) 쪽으로 들어가는 것을 알 수 있습니다.

어깨에 힘이 들어가지 않으니 어깨 근육에 힘이 빠지면서 부드러워져 어깨가 부드럽고 원활하게 움직입니다.

팔목도 부드럽고 원활하게 움직인다는 것은 두말할 필요가 없습니다.

이 상태가 손을 가볍게 말아 쥔 상태입니다. 하지만 이 상태에서 손을 움직이면 자신도 모르게 그림 2의 ②인 어깨 근육에 힘이 들어갑니다.

그래서 팔을 움직일 때도 항상 손을 가볍게 말아 쥔 상태를 유지할 수 있어야 합니다. 그 방법은 다음과 같습니다.

1) 의식적으로 새끼손가락과 약지만을 이용하여 주먹을 쥐는 연습을 합니다.

2) 그림 2의 ① 부분에 있는 근육인 **광배근(날개 근육)에 힘을 주고 주먹을 쥐는 연습을 합니다.**

4. 광배근, 즉 날개 근육을 키우는 것이 얼마나 어려운지 운동을 해 본 사람들은 알고 있습니다. 그런데 주먹을 가볍게 쥐기 위하여 광배근을 강하게 만들어야 한다는 말에 어이가 없을 수도 있습니다. 하지만 팔을 급격하게 움직일 때 가볍게 말아 쥔 주먹이 그대로 유지되려면 어깨 근육이 아니라 광배 근육에 힘을 준 상태로 주먹을 가볍게 쥐어야 한다는 사실에는 변함이 없습니다. 그래야 주먹을 가볍게 쥔 효과가 나는 겁니다. 하지만 근육 중에서 가장 키우기 어렵다는 광배근, 날개 근육을 어떻게 강하게 만드는가 하는 어려운 문제가 남았습니다.

광배근에 힘을 주는 아주 간단한 방법이 있습니다. 바로 엉덩이 근육에 힘을 주는 겁니다. 엉덩이 호흡을 하면서 엉덩이 근육에 힘을 주면 저절로 광배근에 힘이 들어가는 것을 알 수 있습니다(한 번 만에 느낄 수 없다면 몇 번 반복해서 해 보십시오. 갈비뼈가 긴장되면서 광배근에 힘이 들어가는 것을 알 수 있습니다).

즉, 주먹을 가볍게 말아 쥐려면 엉덩이 근육에 힘을 줍니다. 그러면 광배근에 힘이 들어가서 새끼손가락과 약지만을 이용해서 주먹을 부드럽게 쥘 수 있습니다.

이런 상태에서 팔을 움직이면 어깨에 힘이 들어가지 않게 되어 팔이 부드럽고 원활하게 움직입니다. 우리는 육체미 시합에 나갈 수 있을 정도로 날개 근육을 키울 필요가 없습니다. 단지 주먹을 부드럽게 쥘 수 있을 정도로 날개 근육을 키우면 충분하지 않겠습니까?

5. 손을 가볍게 쥔다는 것은 운동 능력을 향상하는 데 정말로 중요한

역할을 합니다. 손을 가볍게 쥘 줄 알면 온몸의 관절이 부드럽게 되어 몸을 가볍게 움직일 수가 있습니다. 심지어는 아무런 관련이 없을 것 같은 무릎과 발목 관절도 한층 부드러워지는 것을 느낄 수 있습니다.

그리고 **어깻죽지 부분도 일종의 관절입니다.** 그러니 손을 가볍게 쥘 수 있으면 어깻죽지도 부드럽게 움직일 수가 있어 달리기를 할 때 어깻죽지 호흡이 더욱 원활해지면서 호흡하는 것도 더욱 편해집니다.

엉덩이 호흡은 달리기를 하면서 하는 것이 아니라 평상시에 꾸준히 하는 것이 좋습니다. 이 호흡에 따라 엉덩이 근육에 힘을 주면 점차 힘을 줄 수 있는 몸통 근육의 수가 늘어납니다. 날개 근육도 예외는 아니어서 빠른 시간 내로 엉덩이 근육에 힘이 들어가면 자동적으로 그곳에 힘이 들어갑니다.

그러니 평상시에도 '엉덩이 호흡'을 하면 **엉덩이 근육-허리 근육-등 근육-윗배 근육-날개 근육(광배근)-아랫배 근육이 순차적**으로 엉덩이 근육의 움직임에 따라 힘이 들어가고 움직이게 됩니다(근육이 움직이는 순서는 필자 개인의 경험일 뿐입니다).

손: B) 몸을 부드럽게 한다는 의미

1. 달리기를 포함하여 어떤 운동이라도 그것을 잘하려면 몸을 부드럽고 유연하게 움직일 줄 알아야 합니다.

몸을 부드럽고 유연하게 만들기 위해서는 몸에 힘을 빼야 하는데, 그것을 위해선 어깨에 힘을 빼야 한다고 많은 전문가가 말합니다. 너무나 당연합니다.

어깨 근육에 힘이 들어가면 손목, 어깨 관절 등의 움직임이 부드럽지 않고 뻣뻣하게 되어, 팔을 움직이려면 원활하지 않고 부자연스럽게 됩니다.

그런데 많은 사람이 몸에 힘을 빼라는 말을 정말 말 그대로 들어 몸 전체에 힘을 주지 않고 몸을 흐느적거리게 하는 경우가 있습니다.

이제 몸을 부드럽게 하기 위하여 몸에 힘을 빼라는 말은 **어깨와 다리의 관절이 부드럽게 움직이기 위하여 이 관절들을 부드럽게 움직이는 근육에 힘을 주라는 의미**라는 것을 알았습니다. 그런데 팔다리 관절을 부드럽게 움직이는 근육은 팔다리에 있는 것이 아니라 몸통에 있습니다.

이런 이유 때문에 몸통 근육이 발달한 사람들은 팔다리를 부드럽게 움직일 수 있어 운동도 잘하는 겁니다. 원인을 모르면 이들은 운동 신경을 타고난 것처럼 보입니다. 물론 이들이 운동 신경을 타고난 것일 수도 있지만 그것보다는 자기 몸에 있는 근육을 잘 사용한 결과에 지나지 않습니다. 그러므로 평범한 우리도 몸에 있는 근육을 올바르게 사용한다면 운동을 잘할 수 있을 겁니다.

2. 주먹을 부드럽게 말아 쥐는 것은 주로 상체를 부드럽게 만드는 데 주효한 것 같습니다. 그런데 운동을 잘하려면 하체, 즉 다리도 부드럽게 움직일 수 있어야 할 것입니다. 어떻게 하면 하체, 다리를 부드럽게 움직일 수 있을까?

주먹의 경험으로 보아 다리 자체에 있는 근육에 힘을 주면 오히려 그 움직임이 뻣뻣하게 될 것입니다. 그러므로 다리의 허벅지 근육, 종아리 근육 등에는 힘을 주지 않는 것이 좋겠습니다.

다시 생각하면 다리는 골반에 연결되어 있고 그 움직임도 골반에 달려 있습니다. 그리고 골반을 조이는 근육은 엉덩이 근육과 아랫배 근육입니다. 이 말은 엉덩이 근육과 아랫배 근육이 강하게 발달하여 골반을 강하게 조이면 다리를 부드럽게 움직일 수 있다는 결론을 만듭니다. 아랫배 근육을 강하게 만들어 골반을 조이는 것은 어렵지만 엉덩이 근육으로 골반을 강하게 조이는 것은 쉽습니다. 그러니 우선 쉬운 훈련부터 하는 것이 좋지 않겠습니까? 아랫배 근육은 엉덩이 근육이 강해짐에 따라서 차츰 강하게 발달할 것입니다.

3. 팔다리를 부드럽고 유연하게 움직일 수 있다면 달리기를 포함한 모든 운동을 잘할 수 있을 겁니다.

8. 팔: 90도 정도로 구부려 자연스럽게 흔든다-달리면서 호흡하는 방법

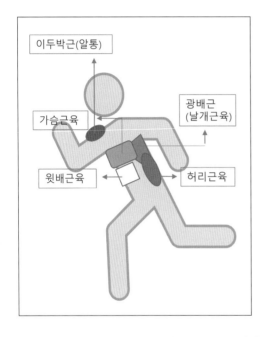

1. 달리기는 다리만 움직이는 것이 아니라 팔도 움직이면서 앞으로 나아가는 운동입니다.

2. 방법: 팔꿈치를 90도 정도로 구부린 채 앞뒤로 흔듭니다.

3. 효과

1) 팔을 좌우 또는 아래 위로 흔들지 말고 앞뒤로 흔들어 에너지를 앞으로 집중시킬 수 있습니다.

2) 팔을 90도 정도로 구부려 오랫동안 유지하려면 **이두박근에 힘을 주어야 하고, 팔을 앞뒤로 힘차게 흔들기 위해서는 광배근(날개근육)에 힘을 주어야 하기 때문에** 그곳의 근육이 강해집니다.

3) **달리면서 어깻죽지 호흡을 할 수 있습니다. (중요!)**

4. 팔을 앞뒤로 흔들면서 달리는 것은 누구나 상식으로 생각합니다. 그러나 사실은 그 안에 인간의 생존을 위한 몇 가지 진화의 증거가 있

습니다.

먼저 팔을 90도 정도로 구부린 채로 부드럽게 앞뒤로 흔들기 위해서는 날개 근육(광배근)을 적극적으로 움직이도록 해야 합니다. 그래야 주먹을 가볍게 말아 쥘 수가 있어 팔을 부드럽게 움직일 수 있습니다.

또한 팔을 90도로 유지하기 위해서는 이두박근, 소위 알통 근육에 계속해서 힘을 줘야 합니다. 당연히 알통이 강하게 발달할 것입니다.

5. 팔을 제대로 흔들지 못하는 러너들이 의외로 많이 있습니다. 아니, 제대로 팔을 흔들며 달리는 러너를 발견하는 것이 오히려 어려울 정도입니다. 대표적으로 팔을 잘못 흔드는 경우를 보겠습니다.

1) 팔을 90도 정도로 구부리지 않고 약간 펴진 상태로 앞뒤로 흔들며 달리는 경우

   a) 몸통 근육이 아닌 어깨 근육에 힘이 들어가게 되어 손을 가볍게 말아 쥘 수가 없고 팔을 제대로 흔들 수 없습니다.

   b) 팔의 움직임이 부자연스럽고 어색하여 에너지가 분산될 뿐 아니라, 팔을 제대로 앞뒤로 흔들지 못하여 어깻죽지 호흡을 하기가 쉽지 않습니다.

2) 팔꿈치를 90도보다 더 구부린 상태에서 팔을 아래위로 흔들며 달리는 경우

   a) 팔을 움직이는 데 날개 근육 대신 어깨 근육을 더 많이 사용하기 때문에 부드럽게 달릴 수가 없습니다.

   b) 팔을 아래위로 흔들기 때문에 빨리 팔을 아래위로 흔들 수 있습니다. 하지만 호흡이 쉽게 가빠집니다.

   c) 팔을 빨리 흔들지만 그 흔드는 정도가 작아 보폭도 작습니다. 그

래서 본인은 빨리 달리는 것 같지만 그리 빨리 달리지 못합니다.

　　d) 팔이 아래위로 움직이기 때문에 어깻죽지 관절이 앞뒤로 움직이지 않아 어깻죽지 호흡을 제대로 하지 못합니다.

　3) 팔꿈치를 90도 정도로 구부리기는 하나 좌우로 흔들며 달리는 경우

　　a) 에너지가 좌우로 분산되어 달리는 것이 힘들게 됩니다.

　　b) 어깻죽지 뼈가 앞뒤로 움직이지 않아 어깻죽지 호흡을 할 수가 없습니다.

이외에도 다른 형태로 팔을 흔들면서 달리는 러너들이 있습니다. 팔을 제대로 흔들지 못하는 가장 근본적인 이유는 팔의 움직임이 달리기에 심대한 영향을 끼치는 것을 모르기 때문입니다. 또한 몸통 근육, 특히 날개 근육을 제대로 사용하는 방법을 모르기 때문에 순간적으로 편한 방법으로 팔을 흔드는 것입니다.

팔을 제대로 흔든다는 것은 그만큼 집중력과 팔을 제대로 흔들 수 있는 날개 근육이 강해야 한다는 것을 말합니다. 팔꿈치를 90도 정도로 구부리고 한 시간 이상 끊임없이 같은 자세로 앞뒤로 흔드는 것은 생각보다 그리 쉽지는 않습니다.

　6. **팔을 제대로 흔드는 것은 달리기 속도 그리고 달리면서 하는 호흡과 직접적인 관계가 있습니다.** 팔을 제대로 흔들 줄 알아야 달리는 속도가 빨라지고 호흡도 편하게 코로 할 수 있습니다. 이것에 대해서는 다음 장에서 설명합니다.

팔: A) 팔 흔들기와 달리기 속도

1. 달리기는 기본적으로 다리를 움직여서 앞으로 가는 운동입니다. 하지만 달리기를 하기 위해서는 다리뿐 아니라 팔도 움직여야만 다리가 제대로 움직입니다.

우리는 앞으로 가기 위해서는 다리를 움직이는 동시에 팔은 다리와는 반대되는 방향으로 움직이게 됩니다. 걸음이나 달리기에서 속도를 내기 위해서는 다리를 빨리 움직여야 합니다. 하지만 다리를 빨리 움직이기 위해서는 팔도 빨리 움직여야 한다는 것을 알고 있습니다. 그리고 반대로 생각하면 당연히 **팔을 빨리 움직이면 다리도 빨리 움직인다**는 의미도 됩니다. 이런 사실은 달리기에서 굉장히 중요합니다.

2. 우리가 걷거나 달릴 때 속도를 높이기 위해서 다리를 빨리 움직이고 그것에 맞추어 팔의 움직임을 맞춥니다. 하지만 반대로 속도를 높이기 위하여 팔을 빨리 움직이고 다리를 팔의 움직임에 맞춘다면 어떻겠습니까?

다리는 팔보다 길이가 길고 다리를 움직여 걷거나 달리려면 발바닥으로 땅을 밀어야 합니다. 잠시 생각해 보면 다리로 이런 일련의 동작을 빠르게 진행하기보다는 허공에서 단순히 앞뒤로 움직이는 팔에 신경을 써서 빠르게 앞뒤로 움직이는 것이 훨씬 쉽지 않겠습니까? 그리고 팔은 다리보다 그 무게가 훨씬 가볍습니다. 그러니 작은 힘으로도 빨리 움직일 수 있을 겁니다. 즉, 땅을 디뎌야 하는 무겁고 긴 다리보다는 허공에 있는 가볍고 짧은 팔을 빨리 움직이는 것이 훨씬 쉽습니다.

인체는 앞으로 가기 위하여 팔과 다리를 움직여야 하고 그 움직임의 비례는 1:1로 대치되기 때문에 팔이 움직이면 다리도 따라서 움직여야 한다는 겁니다. 그러니 다리에 집중하여 다리를 빨리 움직이려 하는 것 보다는 팔의 움직임에 집중하여 팔을 빠르게 움직이는 것이 훨씬 쉬운 방법일 것입니다.

하지만 설명한 대로 무조건 그렇게 할 수 있다면 얼마나 좋겠습니까?

팔의 움직임으로 다리의 움직임을 조절한다는 것이 사실 말처럼 그리 쉬운 것은 아닙니다. 일단 몸통에 있는 모든 근육이 어느 정도 강해지고 전문가들이 말하는 바람직한 달리기 자세를 어느 정도 할 수 있어야만 가능하다는 생각이 듭니다(필자의 경험이기 때문에 절대적인 것은 아닙니다).

팔을 빨리 움직여 다리를 빨리 움직이게 한다는 이론은 옳지만 그것을 실천하는 것은 그리 만만한 것이 아닙니다.

3. 달리기 속도를 빠르게 하는 방법은 다리를 빨리 움직이는 방법도 있지만 보폭을 크게 하는 방법도 있습니다. 보폭의 크기는 다리로 땅을 차는 힘과 팔 움직임의 크기에 따라 좌우됩니다. 다리로 땅을 차는 힘은 바람직한 달리기 자세의 ❼ 배와 ❽ 무릎과 관계가 있기 때문에 나중에 후술하겠으며, 여기에서는 팔 움직임의 크기에 대해서만 이야기하도록 하겠습니다.

독자 여러분도 짐작했겠지만 팔을 크게 흔들면 보폭이 커지고, 팔을 작게 흔들면 보폭도 작아집니다. 하지만 팔 움직임의 크기는 팔을 빨리 흔드는 속도와는 반대 작용을 합니다. 즉, 팔을 크게 흔들면 팔을 흔드는 속도가 느려지고, 팔을 작게 흔들면 팔을 흔드는 속도가 빨라집니다.

그러므로 러너는 적절한 크기의 팔 움직임과 팔을 흔드는 속도를 조절하여 자신에게 적용해야 합니다. 아마 여러 번의 시행착오가 있어야 할 것입니다.

4. 일단 이해를 돕기 위하여 필자의 경험담을 이야기하도록 하겠습니다.

필자는 10km 정도를 60분 안쪽으로 달리기 위하여 정말 노력을 많이 했습니다. 바른 자세로 달리기 위하여 수많은 시행착오를 거치면서 점차 전문가가 말하는 올바른 달리기 자세에 접근하려고 노력했습니다. 드디어 오직 코로만 호흡이 가능하고 10km를 쉬지 않고 60분 정도로 달릴 수 있게 되었습니다.

이 정도 달릴 수 있을 때까지 팔의 움직임에 집중하여 달리기 속도를 조정하려고 해도 잘되지 않고 오히려 다리의 움직임에 더욱 신경이 쓰였습니다. 하지만 10km를 60분 정도로 달릴 수 있게 되자 더욱 빨리 달려야겠다는 욕망이 강하게 생겼습니다. 그래서 팔의 움직임에 더욱 주의하게 되었습니다.

하지만 문제는 팔을 빨리 움직이면 곧 오버 페이스를 하게 되어 빨리 지치고 호흡이 가빠진다는 겁니다. 팔을 무조건 빨리 흔드는 것이 아니라 자신의 페이스보다 조금 빠르게 흔들면서 연습해야 한다는 것을 알았습니다.

또 다른 문제는 팔의 움직임을 크게 했을 때는 팔을 움직이는 속도가 빠르지 않아도 보폭이 커지면서 속도가 빨라지는 것 같았습니다. 그런데 문제는 계속해서 보폭을 크게 하면서 달릴 수가 없다는 데에 있었습니다. 다리가 너무 힘들어 계속해서 큰 보폭으로 달릴 수 없었습니다.

팔을 빨리 움직일 것인가? 아니면 팔의 움직임을 크게 할 것인가? 두 가지를 동시에 하면 좋겠지만 어중간한 러너인 필자는 한 가지를 선택할 수밖에 없었습니다.

필자는 빨리 팔을 움직이는 것보다 팔의 움직임을 크게 하여 보폭을 크게 하기로 했습니다.

처음에는 팔의 움직임을 크게 하여 보폭을 크게 만드는 것이 쉽지 않았습니다. 하지만 꾸준한 연습을 통하여 이제는 어느 정도 보폭을 크게 하면서 달릴 수 있게 되었습니다. 그리고 연습을 통하여 몸 근육(특히 광배근)들이 강해졌는지 팔을 움직이는 속도도 전보다는 빨라졌습니다.

지금 필자는 10km를 45~50분에 뛰는 것을 목표로 연습하고 있습니다.

팔: B) 팔 흔들기와 달리면서 호흡하기

1. 호흡에 대하여 설명하는 수많은 서적과 지식이 있지만 이 모든 것은 사람이 가만히 있는 상태에서 어떻게 호흡을 하는가에 국한되어 있습니다. 하지만 인간은 가만히 있기보다는 항상 움직이는 동물입니다. 때문에 호흡을 이야기할 때는 인간이 움직이지 않고 가만히 있을 때보다는 움직일 때 어떻게 호흡하는가를 이해하는 것이 더욱 중요합니다.

달리기는 격렬하게 움직이는 운동입니다. 그러므로 가만히 있을 때 하는 호흡 방법을 그대로 사용하면서 호흡한다는 것은 말도 되지 않습니다.

우리가 알고 있는 호흡은 단전 호흡이나 복식 호흡입니다. 이 둘의 차이점이 무엇인지는 모르겠으나 배를 움직여 호흡한다는 점에서는 서로 같다고 하겠습니다.

즉, 이 말은 배를 안으로 당기거나 밖으로 불리면서 폐를 수축, 팽창시켜 폐가 공기를 흡입, 배출할 수 있도록 하는 겁니다.

그런데 문제는 달리기를 하면 배를 움직여서는 안 된다는 겁니다. 뛸 때는 배를 안으로 당겨야 하고 그 상태를 유지해야만 합니다. 러너라면 배를 강하게 안으로 당길수록 달리기 속도가 빨라진다는 것을 알고 있을 겁니다.

달릴 때 배를 움직이면 안 되는데 어떻게 폐를 수축, 팽창시켜서 호흡을 할 수 있겠습니까?

수백만 년 동안의 수렵 시대에 인간은 끊임없이 움직이고 달리면서 생존하는 데 성공했습니다. 그러니 **당연히 뛰면서도 아무런 문제없이 적극적으로 호흡할 수 있도록 진화되었을 겁니다.** 그런데 뛰면서 인체가 어떻게 호흡해야 하는가에 대한 지식은 거의 없습니다. 정말 이상합니다.

『달리기 분석』에서 달리면서 호흡하는 방법을 이야기하도록 하겠습니다. 그리고 **달리면서 호흡을 쉽게 할 수 있다면 달리기가 정말 쉬워질 것입니다.**

2. 앞에서 이미 이야기했지만 어깻죽지 호흡(날개 호흡)은 어깻죽지를 이루는 견갑골(날개 뼈)을 움직여서 폐가 공기를 받아들이도록 하는 호흡입니다. 몸에는 두 개의 어깻죽지가 있습니다. 폐가 두 개 있듯이 어깻죽지도 두 개가 있다는 것은 호흡의 중심은 배가 아니라 어깻죽지가 아닌가 하는 생각을 하게 합니다.

어찌 되었든 어깻죽지는 가만히 있는 상태에서 배를 불리거나 압박

할 수 있는 것과는 전혀 다르게, 몸을 적극적으로 움직이지 않고 가만히 있으면 절대 움직이지 않습니다.

즉, 어깻죽지를 이용하여 폐가 팽창, 수축하여 호흡을 할 수 있도록 하려면 반드시 **팔이 앞뒤로 적극적으로 움직여** 어깻죽지를 뒤로 밀고 또 앞으로 당겨야 합니다.

그런데 우리는 평상시에도 팔을 흔들며 걷거나 달리기를 합니다. 하지만 어깻죽지의 움직임은 거의 인식하지 못합니다. 왜 그런 걸까요?

이것은 팔 흔드는 방법이 다르기 때문입니다.

평상시 우리가 팔을 흔들며 걸을 때는 팔을 편 상태로 팔이 어깨에 그냥 매달려 있다는 인식으로 흔들기 때문에 어깻죽지가 적극적으로 움직이지 않을뿐더러, 우리도 어깻죽지가 움직인다는 것을 인식하지 못합니다. 그리고 현대인은 걷는 것도 천천히 걷기 때문에 걸을 때 배를 움직여 호흡을 하니 어깻죽지의 존재를 더욱 알지 못하게 된 것입니다(이것은 필자가 추론한 사실이지 절대적인 사실이라고 주장하지는 않겠습니다).

3. 어깻죽지 호흡에서 이야기했지만 등 전체의 반 정도를 차지하고 있는 두 개의 어깻죽지는 가죽 주머니를 누르고 있는 커다란 뚜껑과도 같습니다.

가죽 주머니를 누르고 있는 뚜껑의 움직임에 따라 가죽 주머니는 수축, 팽창할 것입니다.

이 가죽 주머니를 누르고 있는 커다란 뚜껑을 움직이게 하는 인체 기관은 팔입니다. 즉, 팔을 뒤로 밀면 거대한 뚜껑인 어깻죽지가 뒤로 가게 되어 가죽 주머니인 폐가 팽창하여 코로 공기를 흡입할 수 있고, 팔을 앞으로 당기면 어깻죽지가 폐를 압박, 수축시켜 코를 통하여 공기를 밖으로 보낼 수 있게 되는 겁니다.

그리고 가죽 주머니인 폐를 활발하게 움직이게 하기 위해서는 거대한 뚜껑인 어깻죽지가 제대로 움직여야 합니다.

이제 독자 여러분은 짐작하시겠지만 어깻죽지를 가장 활발하고 적극적으로 움직여 폐가 팽창, 수축을 가장 잘하도록 만드는 방법은 팔을 90도 정도로 구부리고 앞뒤로 자연스럽게 흔드는 겁니다.

4. 팔을 좌우로 흔들면 어깻죽지가 거의 움직이지 않습니다. 그러므로 달릴 때 팔을 앞뒤로 바로 흔들지 않고 좌우로 흔들면 호흡에 도움이 크게 되지 않습니다.

달리기를 하면서 보면 생각보다 많은 러너가 팔을 좌우 방향으로 흔듭니다. 이것은 1) 처음부터 습관이 잘못되었거나 2) 지친 상태로 몸통 근육(특히 날개 근육)과 이두박근(알통)에 제대로 힘을 주지 못하기 때문입니다. 습관도 고쳐야 하고 몸의 근력도 키워야 합니다.

한 시간 넘는 시간 동안 팔을 90도로 유지한 채 제대로 팔을 앞뒤로 흔드는 것은 그리 쉽지 않습니다. 때문에 수많은 연습을 하면서 날개 근육을 키우도록 노력하고, 또 어깻죽지가 제대로 움직이는 것을 확인하면서 코로 호흡하는 연습을 해야 합니다.

근력을 키우는 것은 어렵지만, 다행스러운 것은 달리면서 어깻죽지가 적극적으로 움직일 때 코로 호흡하는 것은 그리 어렵지 않습니다.

마라톤 선수들이 별로 어렵지 않게 호흡을 하면서 달리는 것은 그들의 육체 능력이 오랜 훈련을 통하여 우리보다 더욱 발달했기 때문입니다. 그들도 우리처럼 같은 뼈대와 장기 그리고 근육을 가지고 있을 뿐입니다. 마라톤 선수들의 폐가 일반인인 우리보다 크다고 하지만 육체적인 한계가 있는데 그것이 크면 우리보다 얼마나 크겠습니까? 단순하게 계산하여 그들의 폐 전체 부피가 우리보다 2배 크다면(육체적 한계 때문에 가능하지도 않을 겁니다) 산술적으로 호흡 능력도 2배 정도 커야 논리적으로 맞지 않겠습니까? 하지만 그들이 달리는 것을 보면 그들의 폐는 우리보다 네다섯 배 이상의 효능을 발휘하는 것 같습니다. 이상하지 않습니까?

이것은 이들이 자신도 모르게 어깻죽지 호흡을 하면서 달리고 있기 때문이라고 생각합니다.

우리가 지금부터라도 제대로 된 방법으로 어깻죽지 호흡을 하면서 뛰면 그들과 같은 선수는 못 되더라도 제대로 호흡하면서 즐겁게 달릴 수는 있습니다.

5. 팔을 앞뒤로 흔들면서 어깻죽지 호흡(날개 호흡)을 연습하는 방법은 달리기 말고도 걸으면서 할 수 있습니다. 물론 가만히 있는 상태에서도 이 어깻죽지 호흡은 얼마든지 할 수가 있다는 것은 말할 필요가 없습니다.

필자는 달리기와 걷는 것은 기본적으로 같은 것이라고 생각합니다. 단지 움직이는 속도가 다를 뿐 그것 이외의 신체 움직임과 근육에 힘을 주는 방법은 같기 때문입니다. 그래서 빨리 걷는 사람은 달리기도 잘한다고 생각합니다(불행하게도 필자는 걷는 속도 역시 그다지 빠르지 않습니다. 그리고 필자의 의견과는 다르게 걷는 것과 달리는 것은 전혀 다른 것이라고 주장하는 분도 많이 있습니다). 하지만 근육을 빨리 움직인다는 것은 그만큼 힘들고, 산소가 많이 필요하고 에너지가 많이 소요된다는 것을 명심해야 합니다.

6. 어깻죽지 호흡과 걸음에 대하여 이야기하고자 하는 이유는 걸으면서도 얼마든지 어깻죽지 호흡을 할 수 있기 때문입니다. 걸을 때 팔을 늘어뜨린 채로 힘없이 흔들지 말고, 팔을 90도 정도로 구부린 채(약간 구부려도 좋습니다) 앞뒤로 적극적으로 흔들면서 걸으면 됩니다. 그리고 다시 한번 강조하지만 입이 아닌 코로만 호흡하기 바랍니다. 미소 호흡을 하면 코로 숨 쉬는 것이 쉬울 뿐 아니라 입으로 들숨을 하기가 쉽지 않습니다.

a) 날개 근육(광배근)이 적극적으로 움직이면서 어깻죽지(날개 뼈)도 잘 움직입니다. 어깻죽지 호흡이 잘됩니다.

b) 손을 가볍게 쥐고 흔들면 더욱 효과가 좋습니다.

c) **배에 힘을 주고 안으로 강하게 당긴 상태로 걸어도 호흡에 전혀 문제가 없고 숨이 차지 않습니다(오히려 걸음이 빨라집니다).**

이것은 사실 달리기를 연습하는 것과도 같습니다. **잘 걷는 사람이 달리기도 잘합니다.**

팔의 움직임에 달리기의 반 이상이 있다는 말이 절대 빈말이 아닙니다.

9. 등허리: 전체적으로 곧게 편다

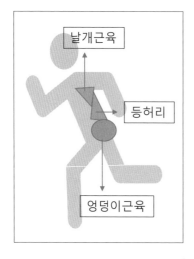

날개근육

등허리

엉덩이근육

1. 등허리를 곧게 펴는 것은 달리기에서 중요한 자세라고 전문가들이 말하지만 실제 우리 일상생활에서도 상당히 중요한 자세입니다(우리는 "허리 바로 펴라."라는 이야기를 너무나 자주 듣고 또 하고 있습니다).

2. 방법

1) 엉덩이 근육이 힘을 주면 골반을 강하게 조입니다.

2) 엉덩이 근육과 함께 광배근(날개 근육)에 힘을 주어 허리를 똑바로 세웁니다.

3. 효과

1) 척추가 바로 펴지면서 허리부터 목까지 바른 자세의 몸이 됩니다.

2) 엉덩이 근육, 배 근육, 허리 근육 그리고 광배근(날개 근육) 등 몸에 있는 주요 근육들을 발달시킬 수 있습니다.

4. 우리는 등허리를 바로 하라는 말과 함께 허리에 힘을 주라고 하는 말을 너무나 많이 들었습니다. 하지만 실제로 허리에 힘을 준다는 것은 말처럼 그리 쉬운 일이 아닙니다.

등허리를 바로 펴기 위해서는 무엇보다도 허리 근육과 광배근이 발달해야 합니다. 하지만 평상시에 이 근육에 힘을 잘 주지 않는 우리는 이 근육을 활용하여 등허리를 곧게 펴는 일이 그리 쉽지만은 않습니다. 등허리를 바로 펴기 위하여 힘을 주고 있다가 힘들어서 결국 이 근육에 힘을 빼고 허리를 약간 웅크립니다.

우리가 등허리를 바로 펼 수 있는 진정한 방법이 무엇입니까? 바로 **척추를 바로 세우면 자연적으로 등허리가 펴집니다.**

앞에서도 이야기했지만 척추는 골반을 기반으로 서 있는 뼈의 집합체입니다. 그러므로 척추를 바로 세우기 위해서는 척추가 꽂혀 있는 척추의 뿌리인 골반이 척추를 제대로 붙잡는 방법 외에는 없습니다. 그러나 골반도 자체적으로 움직이지 않는 단순한 뼈의 집합체이기 때문에 골반을 감싸고 있는 근육을 움직여서 골반이 척추를 단단히 잡도록 해야 할 것입니다. 이렇게 골반을 조일 수 있는 근육이 바로 엉덩이 근육과 아랫배 근육입니다.

문제는 아랫배 근육에 힘을 주어 골반을 단단히 감싸기가 어렵다는 겁니다. 아랫배 근육에 힘을 주는 것이 그리 쉽지 않기 때문입니다. 하지만 엉덩이 근육에 힘을 주는 것은 그리 어렵지 않습니다. 누구나 간단히 엉덩이 근육에 힘을 줄 수 있습니다.

5. 필자는 엉덩이 근육에 단순히 힘만 주지 말고 힘을 준 상태를 계속해서 유지하라고 주장하고 싶습니다. 엉덩이 근육에 단순히 힘을 주는 것은 쉽지만 계속 힘을 준 상태를 유지하는 것은 그리 쉽지 않습니다.

하지만 한번 엉덩이 근육에 힘을 주기 시작하면 점차 엉덩이 근육에 힘을 준 상태를 유지하는 시간을 길게 할 수 있습니다. 그러면 차츰 아랫배 근육에도 힘을 줄 수 있게 됩니다. 또한 다른 근육인 허리 근육,

날개 근육 등에 힘을 어떻게 주는지 알게 됩니다.

등허리를 바로 세우려면 엉덩이 근육에 힘을 주는 것으로 시작해야 합니다.

아랫배 근육이 강하게 발달한 사람은 자신도 모르게 이미 엉덩이 근육에 강하게 힘을 주고 있는 상태이기 때문에 엉덩이 근육에 힘을 준다는 말을 이해하지 못할 수도 있습니다. 정말 육체적으로 복 받은 사람입니다.

6. 엉덩이 근육이 강하게 발달시키면 달리기를 할 때 정말 도움이 됩니다.

1) **머리와 등허리를 곧게 펼 수 있고, 팔을 힘차게 앞뒤로 흔들 수 있습니다.**

2) **다리를 직접적으로 움직이는 강력한 힘의 원천이 됩니다.**

달리기를 오래 하면 지치고 속도가 떨어지기 마련입니다. 이렇게 되면 심리적으로 위축되어 달리는 것이 부담됩니다. 이때 다시 엉덩이에 힘을 주면 아랫배가 안으로 당겨지면서 허리에 힘이 들어갑니다. 그러면 거짓말처럼 온몸에 힘이 생기면서 지친 몸이 회복됩니다.

3) 엉덩이 근육이 발달하며 아랫배를 강하게 안쪽으로 당길 수 있어 달리는 속도가 빨라집니다(일곱 번째 자세에서 다시 설명합니다).

4) **엉덩이 근육이 발달하여 골반을 조이는 힘이 강해지면 바른 걸음을 걷는 데 커다란 도움이 됩니다**(열 번째 자세인 착지에서 다시 설명합니다).

몇 번 이야기하지만 엉덩이 근육은 인체를 움직이는 가장 커다란 엔진입니다.

10. 배: 약간 힘을 주어 안쪽으로 당긴다

1. 배에 힘을 주고 안쪽으로 당깁니다. **이 자세는 말로는 쉬워도 정말 하기 어려운 자세입니다.** 바람직한 달리기 자세 10가지에서 가장 하기 어려운 자세인 것 같습니다. 뛰면서 이 자세를 취하는 것도 유지하는 것도 모두 어렵습니다.

2. 방법

1) 아랫배에 힘을 주고 배를 안쪽으로 당깁니다.

2) 엉덩이 근육에 힘을 주면 아랫배에 힘이 들어가 배를 안으로 당기기가 조금 쉬워집니다.

3. 효과

1) 배 근육이 발달하고 강해집니다(**배에 식스 팩을 만들고 싶다면 이 자세가 크게 도움이 됩니다**).

2) 몸이 가벼워지고 다리를 위로 올리는 것이 쉬워져 달리는 속도가 빨라집니다.

3) 걸음걸이가 바르게 됩니다.

4. 배에 힘을 주고 달리는 자세는 정말 어렵습니다. 달리기를 할 때 배를 안쪽으로 넣고 달려야 하기 때문에 식사를 하고 나서 배가 부른

상태에서는 달리기를 잘하지 못하는 것 같습니다.

달리기를 하면서 배를 안쪽으로 계속 당기고 달릴 수 있다면 이미 달리기 선수이거나 달리기에 능숙한 러너일 겁니다.

배에 힘을 줘서 안으로 당겨 계속 유지할 수 있다면 이미 필자가 이야기한 몸통 근육 대부분이 대단히 발달한 사람일 가능성이 크기 때문입니다. 어쨌든 우리는 전문가들이 말한 바람직한 자세를 하기 위해서는 배에 힘을 주고 안으로 당겨야 합니다.

위에 있는 방법 2)에서 이미 밝혔지만 우리가 엉덩이에 힘을 주면 아랫배가 당겨지면서 배 근육 전체에 힘을 줄 수가 있습니다.

한 번 만에 안 된다면 계속 엉덩이 근육에 힘을 주면서 연습하면 자동적으로 아랫배에 힘이 들어가는 것을 느낄 수 있습니다. 문제는 계속해서 아랫배에 힘을 주고 있는 상태를 유지하는 것이 정말 어렵다는 겁니다. 그러니 계속해서 연습해야만 하는 겁니다.

5. 배에 약간 힘을 주어 안으로 당기는 것은 정말 **달리는 속도에 중요**합니다.

1) 배를 안으로 당기면 다리를 올리는 것이 쉬워져 다리를 더 빨리, 더 높이 들어 올릴 수 있습니다.

다리를 움직이는 근육에서 가장 중요한 것은 엉덩이 근육과 아랫배 근육입니다. 이 두 개의 근육이 상호 작용을 하면서 다리를 빨리 움직이게 합니다.

엉덩이 근육은 주로 허벅지 근육 그리고 등과 허리 근육과 같이 몸을 앞으로 밀어 주는 역할을 하는 것 같습니다(물론 몸을 앞으로 밀어 주는 것에는 발바닥도 있습니다만 나중의 착지법에서 이야기하도록 하겠습니다).

엉덩이 근육이 몸 전체를 미는 역할을 한다면 아랫배 근육은 다리를 위로 올리는 역할을 합니다.

어찌 되었든 뛴다는 것은, 걷는 것도 마찬가지이지만, 한 다리를 올린 후 몸이 앞으로 나아가는 겁니다. 먼저 다리를 올려야 몸을 밀고 나아갈 수가 있습니다.

이렇게 달리기 또는 걷기 위한 우리의 첫 번째 행동이 아랫배 근육을 이용하여 다리를 드는 겁니다. 그리고 아랫배 근육이 발달하고 강해질수록 다리를 위로 올리는 것이 쉽고 **더 빨리 그리고 더 높이** 올릴 수 있습니다.

어릴 때 체육 시간에 달리기 연습을 하면서 다리를 더 빨리 더 높이 올리라고 선생님이 말씀하던 기억은 누구나 가지고 있을 겁니다. 그러나 세월이 흘러 어느 정도 나이가 들었을 때는 다리를 빨리, 높이 올리는 것이 힘들어집니다. 배에 근육이 아니라 살이 쪘기 때문입니다.

이제 우리는 배에 살이 찌고 배가 부른 상태가 되면 튀어나온 배 때문에 다리를 빨리 그리고 높이 올리는 데 방해가 된다는 것을 알 수 있습니다. 그러니 우리가 달리기를 잘하려면 배에 있는 살을 빼고 배 근육을 강하게 만들어야 합니다.

하지만 배 근육을 발달시키고 강하게 하는 것이 쉽지 않다는 것은 누구나 알고 있습니다. 여기서 필자는 다시 한번 엉덩이 근육을 강조합니다. 엉덩이 근육에 힘을 주면 아랫배 근육이 자동적으로 움직입니다. 왜냐하면 엉덩이 근육의 움직임이 아랫배 근육에 직접적으로 영향을 주기 때문입니다.

달리기를 빠르게 하려면 같은 시간에 다리를 빨리 움직이고 보폭을 크게 하면 됩니다. **a) 아랫배가 강해져서 다리를 들어 올리는 것이 쉬워지면 당연히 같은 시간 내에 다리를 더 빠르게 많이 올릴 수 있습니다. 그리고 b) 다리를 높이 올리면 한 걸음당 보폭도 자동적으로 커지기 때문에 같은 거리를 더 작은 걸음 수로 갈 수가 있습니다.** 이 두 가지를 가능하게 하는 것이 아랫배를 안으로 약간 당긴 상태에서 달리는 것입니다. 달리는 속도가 당연히 빠를 수밖에 없습니다.

2) 배에 약간 힘을 주어 안으로 당기면 걸음걸이가 바르게 됩니다.

달리기 선수나 달리기를 정말 잘하는 러너들의 달리는 모습을 보면 그들의 걸음걸이가 굉장히 바르다는 것을 알 수 있습니다. '무엇이 바른 걸음걸음'인지는 후술하겠습니다. 하여튼 달리기 선수들을 보면 팔자 형태의 걸음으로 뛰는 사람은 거의 없습니다.

결과론적으로 말하면 달리기 선수 중에서 '팔자걸음'으로 걷는 사람들이 거의 없으니 '팔자걸음'은 분명 달리기에는 좋지 않은 영향을 미친다고 하겠습니다.

그런데 팔자걸음으로 걷는 사람들은 대부분 배에 힘을 주지 않고 터덜터덜 걷는 경향이 있습니다. 배에 힘을 주지 않은 상태이니 당연히 엉덩이 근육에 힘을 주지 않았을 겁니다. 그러면 **골반을 감싸고 있는 두 개의 강력한 근육이 느슨하게 되었으니 골반과 연결된 다리뼈도 느슨하게 연결되었을 겁니다.** 다리는 몸이란 무거운 물체를 받치고 있는 조직인데 몸과의 연결 부위가 강하지 않고 느슨하게 되었으니 옆으로 벌어질 수밖에 없을 겁니다.

이런 결과가 걸음걸이에 어떻게 반영되겠습니까? 당연히 다리가 벌어지는 팔자걸음이 될 것입니다. 이런 팔자걸음은 달리기에서 속도를 높이기 어렵습니다.

팔자걸음을 비롯해 어떤 걸음이 좋은 걸음걸이인지는 나중에 상세하게 설명하겠습니다.

달리기 선수들을 예로 했지만 걸음을 바로 걷는 사람들은 대부분 달리기를 잘합니다. 가장 어려운 자세인 배에 힘을 주고 안으로 당길 수 있다면 다른 바람직한 달리기 자세는 대부분 이미 실행하고 있다고 보아야 할 것입니다.

6. 배에 힘을 주고 안으로 당기는 것을 습관으로 만들 수 있다면 평상시의 식습관에도 상당히 영향을 미칩니다.

아랫배 근육에 힘을 준 상태에서 배를 안으로 당기면 당연히 위장의 크기도 줄어듭니다. 그러면 평상시보다 적은 양의 음식을 먹어도 위장이 포만감을 느낄 가능성이 큽니다. 큰 그릇에는 많은 물건이, 작은 그릇에는 적은 물건이 담긴다는 간단한 물리적 현상이니 누구나 이해할 수 있을 겁니다.

다이어트를 하는 사람들이 하는 말 중에는 "음식을 적게 먹기 위하여 위장을 작게 해야 한다."라는 말이 있습니다. 이것은 제대로 된 다이어트를 하기 위해서는 음식을 적게 먹어야 한다는 뜻일 겁니다.

무작정 배에 힘을 주고 안으로 당기는 것은 정말 어려운 일입니다. 하지만 엉덩이 근육을 이용하면 성공할 수 있는 가능성이 커집니다. 배 근육에 힘을 주는 것보다는 엉덩이 근육에 힘을 계속 주고 있는 것은 오히려 쉽습니다. 엉덩이 호흡이 많은 도움을 줄 겁니다.

엉덩이 호흡을 하면서 엉덩이 근육에 힘을 자주 주면 아랫배 근육이 엉덩이 근육의 움직임을 따라 움직이게 됩니다. 일단 아랫배 근육이 움직이기 시작하면 배 근육에 힘을 주고 안으로 당기는 것이 쉬워집니다. 이런 식으로 배 전체를 조이면 점차 식욕을 상당히 억제할 수 있을 겁니다.

하여튼 장기적으로 **적게 먹으면 몸무게가 줄어들어 몸이 가벼워지면서 달리기에 도움이 된다는 것은 확실**합니다.

배: A) 상체 근육 단련하기

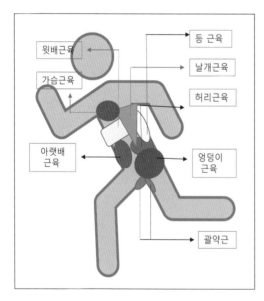

1. 바람직한 달리기 자세 10가지 중 ❶부터 ❼까지는 상체에 대한 자세였습니다. 그만큼 호흡을 담당하는 폐가 있는 상체 부분은 움직임이 복잡하고 중요하다는 겁니다.

만일 상체와 하체를 나눌 수 있어 따로 움직인다면 하체, 즉 다리는 아무리 빨리 움직여도 그리 숨이 차지 않을 겁니다. 하지만 상체의 움직임은 조금만 빨라져도 호흡이 가빠지는 것을 알 수 있습니다. 이것은 우리가 아무리 하체인 다리를 빨리 움직일 수 있어도, 상체가 하체의 움직임을 따라가지 못하면 달리기를 할 수 없다는 뜻입니다.

즉, 달리기를 잘하려면 하체 근육과 더불어 상체 근육도 발달시켜야 한다는 겁니다.

하체, 즉 다리를 움직이려면 몸통과 다리를 직접 연결하는 근육인 엉덩이 근육과 아랫배 근육을 잘 움직이기만 하면 됩니다. 간단합니다.

하지만 상체에는 수많은 근육이 있습니다. 상체는 팔을 움직이고 폐를 움직이는 근육뿐 아니라 다리를 움직이는 근육이 복잡하게 있기 때문입니다.

2. 달리기란 결국 인체에 있는 모든 근육을 사용하면서 팔다리를 빨리 움직이며 앞으로 가는 것을 의미합니다. 이 말은 결국 달리기를 잘하기 위해서는 온몸의 근육을 강하게 발달시켜야 한다는 뜻과 같다고 생각합니다.

하지만 인체에 있는 근육을 모두 발달시키며 강하게 한다는 것은 정말 어렵습니다. 수많은 사람이 헬스장 등에서 현대의 발달한 운동 기구를 사용하면서 훈련하지만 그것이 그리 쉬운 것 같지는 않습니다.

필자는 운동 전문가는 아니지만 일단 다음의 역할을 하는 근육을 먼저 단련시키고 발전시키면 다른 근육도 따라서 발달하고 강해진다고 생각했습니다.

1) 몸에 있는 근육 중 큰 근육

2) 여러 근육과 유기적, 기계적으로 연결된 근육

3) 의지에 따라 쉽게 움직이는 근육

4) 잘 지치지 않는 근육

많은 근육이 이런 조건을 가지고 있겠지만 마지막 조건인 '잘 지치지 않는 근육'에 해당하는 것은 거의 하나뿐입니다. 이것을 근육이라고 생각하지 않고 그냥 커다란 살덩어리라고 생각하는 분도 있을 것이라고 생각합니다.

이것은 다름 아닌 엉덩이 근육입니다.

우리가 엄청나게 오래 걷거나 달리기 또는 다른 격렬한 운동을 하여 온몸의 근육이 아프고 통증이 와도 엉덩이가 아프다는 분은 거의 없습니다. 이것은 엉덩이 근육이 몸에서 가장 큰 근육이기 때문에 여간해서는 지치지 않고 또 지쳤다고 해도 바로 회복되는 근육이라는 뜻입니다.

이런 근육을 우리가 이용하지 않는다는 것은 정말 바보와도 같습니다. 가장 크고 힘센 근육을 무엇 때문에 그냥 두고 이용하지 않습니까?

3. 그림에서 보듯이 엉덩이 근육은 상체에 있는 근육 중에서 가장 아래에 있으면서 골반과 같이 상체를 떠받치고 있습니다. 이 엉덩이 근육에 힘을 주면 그 위에 있는 근육들이 차례차례로 반응합니다. 근육이 우리의 의지에 한 번이라도 반응하는 것을 느끼게 되면 우리는 그 근육에 힘을 줄 수 있으며 당연히 강하게 발달시킬 수 있는 방법을 알게 됩니다. **엉덩이 근육에 힘을 주면 허리 근육-등 근육-날개 근육-가슴 근육-아랫배 근육-윗배 근육-괄약근 근육의 순으로 힘이 들어가는 것을 느낍니다.**

이것은 필자가 느낀 순서이기 때문에 개인마다 다를 수 있다고 생각합니다. 또한 엉덩이 근육에 힘을 줬다고 다른 근육에 당장 힘이 들어가는 것은 아닙니다.

당연히 일정한 시간을 두고 연습하는 노력이 필요합니다. 시간을 줄이는 것은 개인의 노력이 아니겠습니까?

다행인 것은 엉덩이 근육에 힘을 주면 길지 않은 시간에 다른 근육이 반응한다는 겁니다. **평상시 힘을 주지 못하던 근육이라도 그곳에 한 번이라도 힘을 줄 수만 있다면 그 이후에는 그 근육에 힘을 주기가 정말 쉬워집니다.** 처음 한 번이 어려울 뿐입니다.

4. 배에 힘을 주고 안으로 당기는 것은 정말 어려운 일입니다. 특히 달리는 내내 이런 자세를 유지한다고 생각해 보면 이 자세가 얼마나 어려운지 알 수 있습니다.

하지만 불가능한 것은 아닙니다. 위에서 설명한 대로 하면 길지 않은 시간에 이런 자세를 하고 달릴 수 있을 겁니다.

배에 힘을 주고 안으로 당깁시다(배를 강하게 당기려면 허리 근육에 힘을 주어야 합니다. 그러면 허리가 C 자처럼 되는 느낌이 오면서 배가 강하게 안으로 들어갑니다. 이런 상태가 되면 보폭이 넓어지고 보속도 정말 빨라집니다).

11. 무릎: 150~160도를 유지한다

1. 이제 달리기에서 상체와 관련된 부분은 끝나고 다리와 관련된 자세만 남았습니다. 달리기란 본래 다리를 빨리 움직이면서 하는 운동이기 때문에 다리 움직임의 중요성은 아무리 강조해도 지나치지 않을 겁니다.

그런데 문제는 전문가들이 말하는 달리기 자세에서의 다리 부분에 대한 것은 상체 부분에 대한 것보다 더욱 애매모호하고 난해합니다.

"무릎은 150~160도를 유지한다."라는 말은 무슨 말일까요?

달리기는 순간적으로 두 다리가 허공에 떠야 합니다(두 다리 중 한 다리가 땅에 계속 닿아 있으면 걸음이지 달리기가 아닙니다). 그러면 이것은 허공에 떠 있을 때의 무릎의 각도를 말하는 겁니까? 아니면 한 다리가 땅에 닿을 때 그 다리의 무릎 각도입니까? 두 다리 중 앞다리의 각도입니까? 아니면 뒷다리의 각도?

필자가 달리면서 주의해서 관찰해 보니 허공에 발이 있을 때는 그 다리의 무릎 각도가 변하지만, 한쪽 발이 땅에 있을 때는 무릎 각도가 변하지 않는 것 같았습니다.

한쪽 발이 땅에 있을 때는 한 발로 무거운 몸을 지탱한 상태로 빨리 움직여야 하기 때문에 무릎 각도를 변화시킬 수 없을 겁니다.

그러므로 **무릎: 1) 발이 착지할 때, 2) 발로 땅을 차고 나갈 때 150~160도를 유지하라**고 해야 할 것 같습니다.

2. 방법

1) 엉덩이 근육으로 골반을 강하게 조이면서 달립니다.

2) 무릎과 무릎이 서로 스쳐 지나가도록 합니다(스쳐 지나가지 않더라도 무릎과 무릎이 서로 가깝게 되도록 노력합니다).

3. 효과

1) 달릴 때 발생하는 충격 에너지를 흡수, 해소하여 무릎 관절을 보호합니다.

2) 다리가 땅을 박차면서 온몸과 두 발이 동시에 허공에 뜨게 합니다.

사실 무릎을 구부리지 않고 뛸 수 있는 사람은 없습니다만 자신의 무릎이 150~160도 정도 구부려져 있다는 것을 어떻게 알겠습니까? 하지만 무릎이 서로 스쳐 지나가도록 하면서 달리면 이 정도의 각도를 유지할 것이라고 생각합니다. 사실 굉장히 어려운 일입니다.

이 각도를 유지하지 못하고 뛰는 러너도 많이 있는데, 이런 러너들은 보통 달리기를 하고 나면 무릎 관절이나 종아리 등에 통증을 느낍니다. 하지만 달리기가 건강에 좋다는 것을 알기 때문에 **건강과 무릎 관절의 고통** 사이에서 엄청난 고민을 합니다. 그리고 보통은 관절의 고통 때문에 달리기를 포기합니다.

또한 달리기는 걷는 것과는 다르게 두 발을 동시에 허공으로 띄워야 하는 운동입니다. 두 발을 완전히 허공에 띄우게 되면 보폭이 굉장히 커지고 다리를 엄청나게 빨리 움직일 수 있습니다. 즉, 굉장히 빠르게 달릴 수가 있게 됩니다. 러너 중 자신의 **두 발이 동시에 완전히 허공에 떠 있는 느낌**을 느끼는 분은 그리 많지 않을 것이라고 생각합니다.

두 발이 동시에 허공에 있다는 것을 느끼기 위해서는 한 발이 허공에 있는 상태에서 땅을 딛고 있는 다른 발이 땅을 박차고 허공으로 솟아올라야 합니다.

이 동작을 반복하면서 달리려면 우선 러너의 다리 근육이 강하게 땅을 걷어차야 가능할 것입니다.

다리가 땅을 강하게 박찰 수 있는 상태는 무릎이 어느 정도 굽어진 상태입니다. 즉, 달릴 때 뒷발의 무릎이 150~160도 정도 굽어진 상태에서 다리는 강력한 힘을 낼 수 있습니다. 무릎 각도가 조금 유동적이기는 하겠지만, 인체가 달리는 상태에서 가장 힘을 낼 수 있는 각도가 이 정도라고 생각됩니다.

전문가들은 달리기 선수들이 달리는 모습을 수없이 사진을 찍은 다음 무릎 각도를 정했을 것이니 필자는 무릎 각도에 대하여 별다른 이견이 없습니다. 필자는 단지 무릎 각도가 가지는 두 가지 의미, **1) 충격 에너지 해소, 2) 다리가 땅을 박차는 힘**에 대해서만 말할 뿐입니다.

무릎: A) 무릎 관절 보호하기

1. 달리면서 발이 지면과 충돌하는 순간 엄청난 충격파가 발생하여 강력하게 무릎을 공격합니다. 이런 충격 에너지가 무릎 등 인체에 영향을 주지 않도록 달릴 수 있어야만 비로소 달리기를 즐길 수 있습니다. **달리기가 아무리 건강에 좋아도 무릎 관절을 다치게 하면 차라리 하지 않는 것이 더 좋을 겁니다.**

하지만 수렵 시대부터 생존을 위해 달린 인류가 이런 문제를 해결하지 못했다고는 생각되지 않습니다. 적절한 진화를 통하여 달릴 때 발생하는 강력한 충격 에너지가 인체에 그다지 영향을 끼치지 않게 만들었을 겁니다. 필자가 알고 있는 인체의 충격 해소 방법만 해도 여러 가지입니다. 무릎을 적절하게 구부려 충격을 흡수, 해소하는 방법도 그중 하나입니다.

인체는 충격 에너지를 완화, 해소하는 구조를 인체 곳곳에 만들어 놓았습니다. 그리고 무릎을 적절한 각도, 150~160도 정도 유지하여 충격 에너지를 해소하는 방법은 **단순한 물리 역학을 이용한 것**에 지나지 않습니다. 아마 인간뿐 아니라 모든 동물이 이 방법으로 충격을 완화하고 있을 겁니다.

2. 하지만 현실에서는 달리기를 하고 나서 무릎 관절이나 종아리 근육이 아파서 고통을 호소하는 러너가 많이 있습니다. 도대체 어떻게 된 것일까요? 앞의 말과 다른 결과에 어리둥절합니다.

그런데 자세히 살펴보면 무릎을 적절하게 구부리는 이 단순한 물리 법칙을 그대로 이용하지 않는 러너가 많이 있습니다. 즉, 실제 밖에 나가 보면 무릎 관절을 적절한 각도로 구부리지 않고 뛰는 러너도 많이 있다는 말입니다.

3. 앞에서 적절한 무릎 각도를 유지하기 위해서는 달릴 때 될 수 있으면 **무릎과 무릎이 서로 스쳐 지나갈 수 있도록** 다리를 움직여야 한다고 했습니다. 하지만 이렇게 달리기를 하는 것은 정말 쉽지 않습니다. 그래도 이렇게 달리도록 노력해야 하며 무릎과 무릎이 서로 닿지 않아도 될 수 있으면 서로 가깝게 다가갈 수 있도록 노력해야 합니다. 무릎과 무릎 사이가 주먹 한 개 정도 들어갈 수 있는 거리라면 적절한 각도인, 150~160도 정도로 무릎이 구부려진다고 봅니다.

달릴 때 무릎과 무릎 사이를 가깝게 하라는 것은 결국 바른 걸음 자세로 달리기를 해야 한다는 의미입니다.

바른 걸음이 아닌 팔자걸음 형태로 달리기를 하면 종아리가 향하는 방향이 중력 방향과 약간 비뚤어지게 되어 무릎 관절이 적절한 각도로 구부려지지 않게 됩니다. 즉, 적절한 각도보다 조금 더 펴진 상태의 무릎이 됩니다. 적절한 각도보다 조금 더 펴진 각도의 무릎은 몰려오는 충격 에너지를 모두 해소하지 못하게 됩니다. 결국 해소되지 않고 남은 충격 에너지가 무릎을 공격하게 됩니다. 한 번의 걸음에는 미량의 충격 에너지이지만 이것이 수천, 수만 걸음 이상 달리게 되는 상황에서는 충격파가 무릎 관절에 쌓이기 때문에 결국 무릎 관절이 다치게 됩니다.

잘못된 걸음걸이가 무릎 관절에 주는 충격에 대해서는 착지에서 더욱 자세하게 설명하겠습니다.

무릎: B) 무릎 각도와 몸 허공으로 띄우기

1. 걷는 것과 달리는 것의 차이는 무엇입니까?

두 개의 가장 근본적인 차이는 전자는 두 발 중 한 발이 항상 땅에 붙어 있다는 것이고 후자는 어느 순간에 두 발이 동시에 지면과 떨어져 허공에 있다는 것입니다.

하지만 선수가 아닌 일반 러너가 두 발이 동시에 허공에 떠 있다는 것을 인식하면서 달리는 것은 쉽지 않습니다. 필자는 열심히 달리지만 실제로 나 자신의 두 발이 동시에 지면과 분리되어 허공에 떠 있다는 것을 느낀 적이 별로 없습니다. 하지만 달리기를 하는 것이니 필자가 의식하지는 못하지만 어느 순간에 찰나적으로 두 발이 허공에 떠 있지 않나 생각합니다. 그렇지 않으면 달리기가 아니라 걷기가 되기 때문입니다.

2. 발로 땅을 차서 **몸이 완전히 허공에 떠 있는 상태로 앞으로 나아간다면 그 속도가 얼마나 빠르겠습니까?** 논쟁할 필요가 없을 겁니다.

그러므로 인간이 달리면서 허공에 있는 시간을 길게 할 수 있다면 말할 필요도 없이 그 속도가 엄청날 것입니다. 하지만 현실적으로 우리 같은 일반적인 러너가 자신의 몸을 허공에 완전히 띄우기는 그리 쉽지 않을 겁니다. 그리고 허공에 몸을 띄운다고 해도 찰나보다도 더 짧은 시간 동안 허공에 머물기 때문에 실제 본인의 두 발이 동시에 허공에 떠 있는지를 느끼지 못하는 것 같습니다.

우리 같은 어중간한 러너들은 아마 달리기와 경보의 중간 상태로 달리기를 하지 않나 자조해 봅니다. 하지만 발이 동시에 허공에 있는 것을 느끼지는 못하더라도 열심히 달리면 분명 우리의 몸도 허공을 가로질러 앞으로 나아갈 수 있을 겁니다.

우리가 두 발을 동시에 허공에 있게 하기 위해서는 이론적으로 한 발이 허공에 있으면서 땅에 닿기 전에 뒤에 있는 다른 발이 땅을 강하게 박찬 다음 두 발이 동시에 허공에 있으면 됩니다. 아마 우리 같은 어중간한 러너들도 분명 이렇게 달리고 있을 겁니다. 그러나 두 발이 동시에 허공에 머무는 시간이 찰나보다도 짧아 그것을 인식하지 못한다고 여겨집니다. 하지만 우리도 달리면서 분명 자신의 두 발이 완전히 허공에 있는 경험이 있습니다.

소위 우리가 "껑충껑충 뛴다."라고 하는 상태가 되면 두 발이 동시에 허공에 있는 것을 느낄 수 있습니다. 그런데 문제는 이렇게 '껑충껑충'

뛰면서 달리면 너무나도 힘들고 지치게 되어 얼마 달리지 못합니다.

이처럼 자신의 몸을 허공에 완전히 띄우기 위해서는 한 다리 근육이 무거운 몸을 허공에 밀어 넣을 정도로 강해야 하는데, 불행하게도 우리 같은 어중간한 러너는 그 정도로 다리 근육이 발달하지 않은 것 같습니다. 그렇지만 **더욱 빨리 달리기 위해서는 분명 이런 달리기 방법을 연습**해야만 합니다.

앞에서도 이야기했지만 모든 러너는 '껑충껑충' 뛰는 상태를 조금은 유지할 수가 있습니다. 이 조금 유지할 수 있는 상태를 길게 유지할 수 있는 상태로 바꾸면 어중간한 러너도 허공에 두 발이 동시에 있는 것을 느끼면서 달릴 수 있습니다.

이제 어떻게 하면 빠르게 달리면서 깡충깡충 뛰는 상태를 길게 유지할 수 있는지 말하겠습니다.

달릴 때 나 자신이 허공에 완전히 떠 있다는 것을 의식한다는 것은 그만큼 자신의 몸이 **허공에 길게 있다는 의미**일 겁니다. 대부분의 러너는 이런 것을 느끼지 못하지만 달리기 때문에 당연히 자신의 두 발이 순간적으로 허공에 동시에 떠 있다고 생각합니다.

필자도 아직 두 발이 허공에 완전히 떠 있다는 것을 잘 느끼지 못합니다. 하지만 앞에서 말한 껑충껑충 뛰는 방법으로 짧은 순간이지만 그것을 느껴 보려고 노력하고 있습니다. 달리기에 완전 젬병이던 필자가 이제는 10km를 45분 정도에 달리려고 건방지게(?) 연습하는 것은, 나 자신의 두 발이 완전히 허공에 있다고 느끼면서 달릴 때(이 상태로 비록 얼마 달리지는 못하지만)는 나 자신이 만들었다고도저히 믿을 수 없는 속도로 몸이 앞으로 나아가는 것을 몇 번 느꼈기 때문입니다.

필자가 하는 연습은 다음과 같습니다.

3. 먼저 이 연습은 초보 러너는 하지 않는 것이 좋을 것 같습니다. 어느 정도 달리기를 할 수 있는 능력을 만든 후에 해야만 몸이 따라갈 수 있습니다.

1) 엉덩이 근육에 강한 힘을 주고 배를 안쪽으로 강하게 당깁니다.

- **배를 안으로 강하게 당길 수 없다면 아직 이 연습을 하지 않는 것이 좋습니다.** 배를 강하게 당겨야 다리를 높이 쉽게 들 수가 있습니다.

2) 엉덩이와 아랫배 근육을 이용하여 다리를 가볍게 높이 올립니다.

3) 다리를 내려 착지할 때 **발바닥 전체가 땅에 동시에 닿을 수 있도록 발바닥 착지**를 합니다.

- 뒤에 나오지만 전문가 대부분은 아직 뒤꿈치 착지를 권하지만 필자는 오히려 발바닥 착지를 권합니다(착지법에 자세히 나옵니다).

- 발바닥이 땅에 동시에 닿으면 **발바닥 아치를 이루는 족저근막인 판스프링이 충격을 받아 아래로 펴지는 것**을 느낄 수 있습니다. 이때 발에 발생하는 엄청난 충격 에너지가 판스프링의 움직임에 따라 자연스럽게 흡수, 해소되어 무릎 관절뿐 아니라 다리 전체를 보호합니다.

- 발바닥뿐 아니라 자세히 보면 **엄지발가락도 작은 아치의 판스프링을 이루고 있는데 엄지발가락도 충격에 따라 펴지는 느낌**을 받습니다.

- 발목이 부드럽게 움직여야 발바닥 아치인 판스프링이 부드럽게

아래로 펴지면서 충격을 흡수합니다.

　- 뒤꿈치 착지를 해도 발바닥 아치와 엄지발가락 아치가 땅으로
　 펴지기는 하지만 판스프링인 아치가 발바닥 착지보다는 덜 펴
　 지는 것 같습니다.

　뒤꿈치 착지와 발바닥 착지는 뒤에서 다시 자세하게 설명합니다.

4) 발바닥 아치의 펴진 상태가 원래대로 복구되면서 발바닥을 위로
　올립니다.

　- 판스프링인 발바닥 아치가 원래대로 수축하면서 발을 밀어 올
　 립니다. 앞으로 나아가는 힘과 판스프링이 미는 힘이 합쳐져서
　 발이 쉽게 위로 올라갑니다.

　- 이때 발바닥은 땅에서 떨어지지만 엄지발가락은 아직 땅에 붙
　 어 있는 상태가 됩니다.

5) 구부러진 엄지발가락으로 땅을 강하게 차면서 다리 전체를 허공
　으로 들어 올립니다.

　- 일반적으로 엄지발가락에 대해서 평상시에 그리 신경을 많이
　 쓰지 않기 때문에 엄지발가락으로 땅을 순간적으로 강하게 차
　 는 것이 그리 쉽지 않습니다.

　- 엄지발가락으로 땅을 힘차게 차기 위해서는 엄지발가락과 관련
　 된 근육을 강하게 발달시켜야 합니다. 엄지발가락과 직접적으로
　 관련된 근육은 허벅지 안쪽 근육과 괄약근 그리고 아랫배 근육
　 입니다. 이런 근육에 힘이 강하게 들어가야 엄지발가락으로 땅
　 을 힘차게 찰 수 있습니다.

　- 엄지발가락으로 땅을 밀 때 **발목이 유연하게 움직여야만 엄지발**

가락이 땅을 강하게 찰 수 있습니다. 그리 쉽지 않습니다. 뒤에서 자세히 설명하겠습니다.

- 땅에서 위로 올라온 다리의 무릎 관절이 조금 펴지면서 종아리 부분이 무릎 관절을 따라 앞으로 움직입니다. 즉, 다리가 위로 높이 올라가면서 다시 내려올 때 종아리 부분이 허벅지와 관계없이 무릎 관절을 중심으로 앞으로 펴지는 역동적인 동작이 되면서 보폭이 커집니다.

6) 팔을 평소보다 더욱 힘차고 빠르게 흔듭니다.

- 가볍게 쥔 주먹에서 새끼손가락과 약지에 힘을 주면 광배근(날개 근육)이 빨리 움직이면서 팔의 움직임이 빨라집니다.

- 팔을 빠르게 흔들어 날개 근육에 힘을 주고 엉덩이 근육으로 골반을 더욱 세게 조이면 허리 근육에 강하게 힘이 들어갑니다. 그러면 허리와 허벅지 근육이 러너의 몸을 앞으로 미는 것같이 느껴집니다.

- 강력한 허리 근육과 엄지발가락 그리고 빠르게 흔드는 팔 때문에 다리의 움직임이 빨라지고 보폭도 엄청 커집니다.

- 이 상태가 되면 필자는 평소에는 세 걸음 걸리는 곳을 두 걸음만에 넘어갈 수 있게 됩니다. 하지만 이 상태를 유지하면서 달릴 수 있는 거리가 겨우 수백 미터에 지나지 않습니다. 그리고 달린 후에는 지쳐서 숨을 헐떡거립니다. 하지만 처음 이런 달리기를 시도했을 때는 겨우 수십 미터 정도밖에 달리지 못했습니다. 꾸준한 노력으로 이제는 수백 미터를 이렇게 달릴 수 있으니 앞으로 필자가 목표로 하는 10km를 45분 정도로 주파하는 것이 가

능할 것입니다.

4. 다시 말씀드리지만 **이 연습은 어느 정도 달리기에 익숙해진 다음에 하는 것이 좋을 것 같습니다.**

필자가 여섯 가지 순서를 말했지만 이것이 전부인지는 확신하지 못하겠습니다. 글로는 여섯 가지 동작을 분리했지만 사실 이 여섯 가지는 한 가지 동작이라고 보아야 합니다. 그러니 더욱 어렵습니다. 필자도 달리면서 네 번째 순서인 다리를 올리는 것까지는 문제없습니다. 하지만 그다음 동작들을 연결하는 데 상당한 어려움을 겪고 있습니다. 다섯 번째 순서인 엄지발가락을 이용하여 땅을 순간적으로 박차고 나가는 것이 어렵습니다. 더욱이 팔을 힘차게 흔들면서 다리를 쭉쭉 펴면서 달리는 것이 너무 어렵고 힘듭니다. 아직 근력이 이것을 따라가지 못하는 것 같습니다.

이렇게 달리기 연습을 하면 평상시 아무리 달려도 전혀 피곤하지 않은 엉덩이 근육도 약간 아픕니다. 물론 기분 좋은 통증입니다.

무릎 관절을 적절하게 굽히면서 달리는 것은 관절 보호를 위하여 정말 중요하다고 또다시 강조하겠습니다. **아무리 빨리 달릴 수 있어도 무릎 관절이 고장 난다면 무슨 소용이 있겠습니까?**

12. 보폭: 자연스러운 보폭을 유지한다

1. 정식 제목은 **넓지도 좁지도 않은 자연스러운 보폭을 유지한다**이지만 너무 길어 앞 단어를 줄인 것입니다. 보폭이란 앞발의 뒤축(또는 엄지발가락)에서 뒷발의 뒤축(또는 엄지발가락)을 의미합니다. 하지만 달릴 때는 보폭(步幅)이 아니라 주폭(走幅)이 맞는 단어가 아닌가 생각해 봅니다.

전문가들은 보통 키에서 100을 빼면 걸을 때의 보폭이고, 30~40 정도를 빼면 달릴 때의 보폭이라고 합니다. 이것을 170cm 키의 일반인에게 대입하면 걸을 때의 보폭은 60~70cm이고, 달릴 때는 130~140cm라는 뜻이 됩니다. 걸음이 큰 사람들은 자신의 키에서 100을 빼면 그것이 보폭이 되는 것 같습니다.

하지만 170cm 키를 가진 일반인이 130~140cm의 보폭으로 뛸 수 있는지 의문이 듭니다.

필자의 경험에 의하면 달릴 때 보폭 100cm를 유지하는 것이 얼마나 어렵고 힘든지 알고 있습니다. 키가 170cm인 필자가 처음 달리기를 했을 때 70~80cm였던 것 같습니다. 걷는 것보다는 약간 크지만 그렇게 크게 뛰지 못한 것 같습니다. 그래도 지금은 겨우 100cm 이상을 유지하려고 노력하고 있습니다. 하지만 이것도 후반으로 가면 유지하지 못하고 보폭이 줄어드는 것 같습니다(달리는 길에 커다란 철 사각 판이 있는데 대충 200cm 정도 됩니다. 처음에는 이 철 사각 판을 두 걸음 반 정도에 넘었습니다. 지금은 잘 달릴 때는 두 걸음에 넘지만 후반에는 두 걸음에 넘지 못합니다. 철 사각 판을 두 걸음에 넘을 때는 정말 빠릅니다. 물론 제 속도 기준입니다).

그러므로 전문가들이 말하는 달릴 때의 보폭(자신의 키-30 또는 40)은 일반 러너에게는 맞지 않는 것 같습니다. 하지만 앞 장에서 이야기한 것처럼 자신의 몸을 허공에 완전히 허공에 띄울 수 있다면 가능하지 않을까 하고 생각합니다.

2. 보폭을 크게 하는 것은 달리기 속도와 정말 밀접합니다. 이론적으로 보폭이 크고 보속(步速)이 빠르면 당연히 달리기 속도가 빠르지 않겠습니까? 하지만 보폭을 크게 하면 정말로 힘들고 빨리 지칩니다. 특히 허벅지 뒤 근육이 정말 강하지 않으면 달린 후 허벅지 뒤 근육이 엄청 아픕니다. 그리고 이것은 앞에서 설명한 무릎 각도 150~160도를 유지하면서 땅을 박차고 나가는 것과 깊은 관련이 있습니다.

3. 달리기는 걷는 것과 다르게 두 다리가 순간적으로 허공에 떠 있어야 합니다. 항상 한 다리가 땅에 닿아 있는 상태라면 달리기가 아니라 걷는 것입니다. 따라서 달릴 때의 보폭은 걸을 때보다는 더 넓은 것이 확실할 것입니다. 하지만 창피하게도 지치고 힘든 상태가 되면 걸을 때보다 더 보폭이 줄어듭니다.

이런 사실을 통해 **보폭이란 현재 몸의 상태에 따라 달라진다**는 것을 알 수 있습니다. 그래서 '자연스러운'이란 형용사를 사용한 것이 아닌지 필자는 상상해 봅니다.

최상의 몸 상태를 유지하면 최상의 보폭이 나오겠지만 사람은 항상 최상의 몸 상태를 유지할 수가 없다는 것이 문제입니다. 이것을 기초로 생각하면서 넓지도 좁지도 않은 자연스러운 보폭을 유지한다는 의미를 분석하겠습니다.

필자는 보폭을 단지 두 발 간의 고정된 거리로만 생각하지 않고 러너의 상태에 맞게 뛸 수 있는 상태라고 생각합니다. 즉, '넓지도 좁지도 않은 자연스러운 보폭'이란 러너가 자신의 적정한 페이스를 유지하면서 달릴 때 두 다리가 만드는 거리입니다. 그러므로 자연스러운 보폭을 만들기 위해서는,

1) 거의 코로만 숨을 쉬는 호흡 자세를 유지합니다. 입으로 날숨을 한다는 것은 오버 페이스의 징조입니다.

2) 팔을 앞뒤로 흔들 때 팔꿈치를 90도 구부린 자세를 계속해서 유지합니다. 어깻죽지 호흡을 해야 부드럽고 편안하게 뛸 수 있습니다.

3) 팔을 앞뒤로 흔드는 속도에 맞추어 **무릎 관절 아래의 종아리 부분이 약간 앞으로 나간다는 심리적인 느낌이 있을 정도**로 다리를 벌립니다.

4) 엄지발가락을 적극적으로 사용합니다. 그래야 다리를 부드럽게 올릴 수 있기 때문입니다(힘들수록 엄지발가락을 잊어버립니다).

이런 상태로 뛰면 1) 오버 페이스를 하지 않고 편안하게 목적지까지 달릴 수 있으며 2) 러너는 어떤 상태의 달리기가 자신에게 최상의 상태인지 알 수 있습니다.

4. '넓지도 좁지도 않은 자연스러운 보폭'을 유지하는 것은 어렵습니다.

사실은 전문가들이 말한 바람직한 달리기 자세에서 가장 이해하기 어려운 말입니다. 너무나도 애매모호한 형용사가 많아 어떻게 해석해야 할지 판단할 수 없을 정도입니다. 차라리 **자신의 몸 상태에 맞는 적**

당한 보폭을 유지하라는 것이 바람직한 말인 것 같습니다.

어쨌든 전문가들이 이렇게 말한 것은 달리는 몸의 상태에 비해 다리를 너무 크게 움직이면(보폭이 넓으면) 몸이 빨리 지치게 되어 계속 달리기를 할 수 없게 되고, 몸 상태에 비해 다리의 움직임이 너무 작으면(보폭이 좁으면) 편하게 달릴 수 있지만 속도가 나지 않기 때문인 것 같습니다.

그러므로 몸의 상태에 맞게 자연스러운 보폭을 유지하면서 달리라는 것 같습니다.

러너가 달릴 때 자신 몸 상태를 가장 잘 파악할 수 있는 것은 **코로 호흡을 편하게 유지할 수 있는지**에 있다고 필자는 생각합니다. 그러므로 팔을 흔드는 근육인 광배근(날개 근육)이 잘 움직이는 것은 정말 중요합니다.

다리 상태는 러너가 거의 신경 쓰지 않아도 되는 것 같습니다. 잘못 달려 무릎 관절이 아프지 않은 이상 다리는 여간해서 달리기에 문제가 되지 않습니다. 특히 엉덩이에 힘을 주고 배를 안으로 강하게 당기면 지친 상태에서도 충분히 달릴 수 있습니다. 물론 보속은 좀 떨어집니다.

다시 말씀드리면 **'자연스러운 보폭을 유지하면서 달리는 것'**은 **코로 숨을 원활하게 쉬면서 꾸준하게 달릴 수 있는 상태를 말하는 것**이라고 하겠습니다.

13. 착지: 뒤꿈치가 먼저 지면에 닿아야 한다 - 무릎 관절을 보호하는 기본 방법

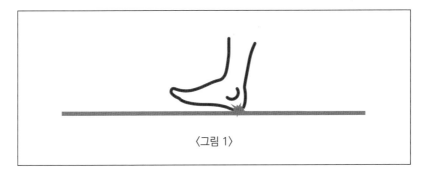

〈그림 1〉

1. 드디어 달리기 전문가들이 말하는 바람직한 달리기 자세의 마지막에 도착했습니다.

착지는 달리기를 하면서 허공에 떠 있는 몸이 땅에 떨어질 때 발을 어떻게 하는가에 대한 방법입니다.

이 착지법은 너무나도 중요하고 일반인인 우리가 달리기를 계속할 수 있을지 없을지를 결정하는 결정적인 요인이 됩니다.

우리가 어떻게 착지를 하느냐에 따라 다리의 무릎 관절이 다치기도 하고, 또는 다치지 않고 안전하게 달리기를 할 수가 있습니다. 그러니 **이때까지 분석한 9가지 자세를 다 할 줄 안다고 해도 무릎 관절이 아프면 어떻게 달리기를 할 수 있겠습니까?**

우리가 몸을 상하게 하지 않고 즐기면서 달리기를 할 수 있는 것은 착지를 어떻게 하느냐에 달려 있습니다.

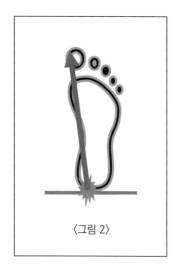

〈그림 2〉

이제 먼저 착지법을 분석하면서 **무릎 관절에 충격을 주지 않는 착지법**에 대하여 자세히 알아보도록 하겠습니다.

2. 방법

1) 발이 허공에서 땅에 떨어질 때 뒤꿈치 부분이 자연적으로 땅에 닿습니다.

2) 뒤꿈치가 **땅에 닿는 순간 발목이 부드럽고 원활하게 움직여** 뒤꿈치에 발생한 충격 에너지가 그림 2처럼 **엄지발가락 쪽**으로 몰려가게 합니다. 뒤에서 다시 자세히 설명합니다.

3. 효과: 허공에 있는 다리가 땅에 떨어지면서 만들어지는 강력한 충격 에너지를 흡수, 해소하여 무릎 관절을 비롯하여 발과 다리를 보호합니다.

4. 착지하면서 생기는 충격을 완충, 흡수하여 무릎에 충격이 가지 않도록 하는 것이 올바른 착지법입니다.

허공에서 땅으로 떨어져 내리면 발뒤꿈치에 막대한 충격 에너지가 생기는데 이것을 인체에 그대로 둔다면 이 충격 에너지가 발뿐 아니라 무릎 관절 등을 공격해서 다리를 다치게 합니다. 이런 사실은 모든 사람이 알기 때문에 달리기를 할 때 특히 무릎 관절을 다치지 않기 위하여 노력합니다.

하지만 무릎 관절을 다치지 않고 달리기를 하는 러너들은 그리 많은 것 같지 않습니다.

전문가들도 많은 사람이 달리기를 하다가 다친다는 것을 알고 있습니다. 그러면 단지 "뒤꿈치가 먼저 지면에 닿아야 한다."라는 너무나 간단한 말을 하지 않고 좀 더 친절하게 어떻게 착지해야 무릎을 보호할 수 있다는 것을 알려 주면 좋지 않습니까?

하지만 필자가 과문해서 그런지 달리면서 무릎 관절을 보호하는 적절한 설명을 보지 못했습니다. 무릎을 어떻게 보호하라고 하는 정보는 많이 있지만 실제로 달리기에 도움이 되고, 그 정보대로 하면 정말 무릎 관절을 보호할 수 있을지 확신을 주지 않습니다.

5. 일반적인 상식으로 달리거나 걸으면 당연히 발뒤꿈치가 땅에 먼저 닿는다는 것을 모두 알고 있습니다. 그런데 많은 사람이 달리기를 하면서 무릎 관절을 다치게 되어 결국은 달리기를 그만둡니다. 무엇이 잘못된 걸까요?

이것은 충격 시 발생하는 막대한 충격 에너지를 적절하게 흡수, 해소하지 못하고 이 충격 에너지가 인체를 공격하기 때문입니다. 하지만 수렵 시대부터 생존을 위한 필수 조건이 달리는 것인데 인체가 이 충격 에너지를 흡수, 해소하지 못한다는 것은 말도 되지 않습니다.

이제 인체가 가지고 있는 충격 에너지를 흡수, 해소하는 인체 구조와 물리적 방법을 살펴봅시다.

우선 단순한 물리학적인 방법으로는 앞 장에서 이야기한 "무릎: 150~160도를 유지한다."라고 하는 것입니다. 필자는 이것을 무릎은 적절한 각도를 유지한 채로 달려야 한다고 했습니다. 그리고 적절한 무릎 각도를 유지하기 위해서는 걸음걸이와도 관계가 있다고 했습니다.

달리기에서 다리, 특히 무릎 관절을 다치지 않고 달리는 것은 너무나 중요하며, 이것은 착지와 밀접하게 관련되어 있습니다. 그래서 필자는 혹시 중복되는 내용이라고 해도 반복하도록 하겠습니다.

필자가 이 책을 쓰는 이유는 무릎 관절을 다치지 않고 누구나 달리기를 즐길 수 있도록 하기 위해서입니다.

착지: A) 착지와 발목: 관절 보호의 기본 1

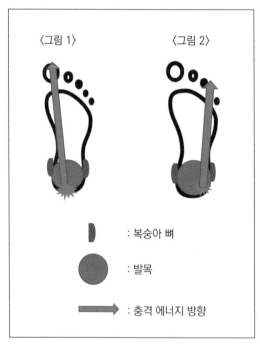

1. 착지를 잘하기 위해서는 발목이 엄청나게 중요합니다. 이 발목을 어떻게 움직이면서 착지를 하느냐에 따라 충격 에너지를 적절하게 흡수, 해소할 수 있습니다.

전문가들은 발목이 중요하다고 하면서 달리기에서 무슨 역할을 하는지 정확하게 말하고 있지는 않습니다.

하지만 필자는 발목을 어떻게 움직이느냐에 따라 충격 에너지를 흡수, 해소할 수도 있고 아닐 수도 있다는 것을 알았습니다.

일반적으로 발목을 유연하게 해야 하고, 발목이 유연해야 잘 뛴다고 말은 하지만 그 이유에 대해서는 별다른 설명이 없습니다. 그리고 발목이 유연하다는 것은 무슨 뜻이며 유연한 발목이 하는 일은 무엇입니까?

2. 필자는 발목이 유연해야 한다는 뜻은 발목을 위로 굽히면 튀어나오는 부분, 정강이뼈와 연결된 부분이 부드럽게 움직여야 한다고 생각합니다. 그리고 이 튀어나온 발목뼈는 발등의 가장 높은 부분을 지나 엄지발가락으로 연결되어 있는 것처럼 보입니다(실제 연결되어 있는지는 모르겠습니다).

뒤꿈치가 땅에 닿는 순간 발생한 충격 에너지가 그림 1처럼 발등 가장 높은 부분을 지나 엄지발가락으로 진행하면 발에 발생한 충격 에너지가 대부분 발바닥 아치에 흡수, 해소됩니다.

그러나 그림 2처럼 충격 에너지가 발등 높은 곳을 지나 엄지발가락으로 가지 않고, 발 바깥을 통해 새끼발가락 쪽으로 진행하면 충격 에너지의 일부가 남아 발과 다리를 공격합니다. 이런 충격이 계속되면 결국 무릎 관절을 다치게 됩니다.

3. 그러면 발뒤꿈치에 발생한 충격 에너지가 어떤 경우에 그림 1처럼 엄지발가락으로 향하고, 어떤 경우에 그림 2처럼 발 바깥 부분을 통해 새끼발가락 쪽으로 가는지 아는 것이 중요합니다. **발뒤꿈치에 발생한 충격 에너지가 향하는 방향을 결정하는 곳이 바로 발목입니다.** 그래서 발목이 원활하고 유연해야 달리기를 잘할 수 있는 겁니다.

발목을 유연하게 움직이면서 발뒤꿈치에 발생한 충격 에너지를 엄지발가락 쪽으로 보내면 발에 충격 에너지가 남지 않습니다. 그러면 다음 문제는 어떻게 발목을 움직여야만 충격 에너지를 순간적으로 엄지발가락 쪽으로 보낼 수 있는가 하는 겁니다. 그냥 유연하게 움직이라고 하면 독자 여러분은 이제 화가 날 것입니다. 그래서 백 프로 정확한 표현은 아니지만 구체적으로 말하겠습니다.

발목에는 두 개의 복숭아뼈가 있습니다. 안쪽으로 향한 복숭아뼈와 바깥으로 향한 복숭아뼈가 있습니다. 발의 뒤꿈치가 땅에 닿을 때 **발목이 안쪽 복숭아뼈 쪽**으로 부드럽게 굽어지면 충격 에너지가 발등을 타고 엄지발가락으로 흐르는 것을 느낄 수 있을 겁니다.

발이 땅에 닿았을 때 바깥 복숭아뼈가 있는 쪽으로 발목이 굽어지면 충격 에너지가 발 바깥쪽을 지나 새끼발가락 쪽으로 갑니다. 그런데 발목이 바깥 복숭아뼈 쪽으로 굽어지는 이유가 있습니다. 그것은 발뒤꿈치가 땅에 닿을 때 뒤꿈치 중앙이 아니라 바깥쪽이 먼저 땅에 닿으면 그렇게 됩니다. 때문에 뒤꿈치 착지에서는 **뒤꿈치 중앙 부분을 먼저 땅에 닿게 하는 것이 정말 중요합니다.** 그러면 발목이 부드럽고 유연하게 움직이면서 충격 에너지를 흡수, 해소합니다.

4. 무릎 관절을 다치지 않고 달리기를 하기 위해서는 발목을 유연하게 움직여야 합니다. 그래야 무거운 몸이 허공에서 땅에 떨어지면서 만드는 엄청난 충격 에너지를 효과 있게 흡수, 해소할 수가 있습니다. 충격 에너지가 엄지발가락 쪽으로 가야 그것이 인체에서 사라지는 이유는 다음 장에서 설명하겠습니다.

1) **뒤꿈치 중앙이 먼저 땅에 닿도록 합니다.**

2) **발목을 유연하게 움직이면서 안쪽 복숭아뼈 부분이 중심이 되어 굽어지게 합니다.**

3) **충격 에너지가 발바닥 아치를 지나 엄지발가락 쪽으로 향하면서 대부분 사라지는 것을 느낄 수 있습니다.**

5. 발목의 또 하나 중요한 역할은 엄지발가락이 땅을 확실하게 찰 수 있도록 하는 겁니다. 달리면서 순간적인 찰나에 엄지발가락으로 땅을 강하게 차는 것은 그리 쉽지 않습니다. 하지만 발목이 유연하게 움직이면 엄지발가락이 땅을 확실하게 찰 수 있습니다. 뒤에 나오는 「H) 착지와 엄지발가락」 편에서 자세히 설명하겠습니다.

빨리 달리고 싶다면 발목이 유연하고 부드럽게 움직이면서 엄지발가락으로 땅을 확실하게 찰 수 있어야 합니다.

착지: B) 착지와 발바닥 아치: 관절 보호의 기본 2

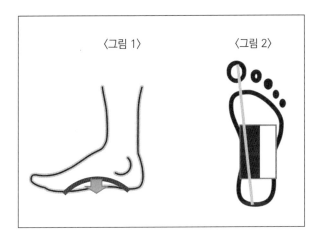

〈그림 1〉 〈그림 2〉

1. 사람들은 발바닥에 있는 아치를 만들고 있는 족저근막의 중요성에 대하여 이야기합니다.

하지만 족저근막이 만든 발바닥 아치가 발에 발생하는 충격 에너지를 어떻게 해소하는지는 잘 모르는 것 같습니다.

우리가 발을 보면 족저근막이 만든 발 아치를 볼 수 있습니다. 이 **발바닥 아치를 만드는 족저근막은 그야말로 강력한 판스프링**입니다. 자동차에서도 수많은 충격을 흡수하고 해소하는 방법으로 판스프링을 많이 사용하고 있습니다.

그런데 우리 인체는 발에 발생하는 충격을 해소하는 방법으로 판스 프링이라는 시스템을 이미 만들어 놓았습니다. 이 시스템을 제대로 사용한다면 달리기를 하면서 무릎 관절이 다칠 이유가 절대 발생하지 않을 겁니다.

이런 훌륭한 인체 구조를 제대로 사용할 줄 모르는 우리가 부끄럽습니다.

2. 앞 장에서 뒤꿈치에서 발생한 충격 에너지가 굽은 발목에서 일차로 흡수된 다음, 발등의 가장 높은 부분인 그림 2의 검은색 부분을 지날 때 판스프링인 발바닥 아치의 족저근막이 아래로 퍼지면서 충격 에너지의 대부분을 흡수, 해소합니다.

그런데 충격 에너지가 그림 2의 하얀 부분, 즉 발 바깥쪽을 지나 새끼발가락 쪽으로 향하면 충격 에너지의 상당량이 남게 됩니다. 이것은 우리 발바닥의 아치를 보면 알 수가 있습니다. 발등 높은 부분인 검은 부분에서는 아치가 확실한 모양을 하지만, 하얀 부분인 발 바깥 부분의 아치는 검은 부분의 아치처럼 선명하지 않습니다. 이 말은 판스프링의 두 부분이 충격 에너지를 흡수할 수 있는 능력이 다르다는 의미입니다. 그러니 충격 에너지를 많이 흡수할 수 있는 부분으로 충격 에너지를 보내야 충격 에너지가 충분히 해소될 수 있는 것입니다.

3. 발바닥 아치가 충분히 발달한 러너들은 발에 생기는 충격 에너지를 충분히 제거할 수 있으니 걱정하지 말고 달리기를 즐기기 바랍니다. 이제 달리기를 하면서 인체의 강력한 판스프링인 발바닥 아치를 제대로 사용하지 않는다면 정말 부끄러워해야 합니다.

착지: C) 뒤꿈치 착지법

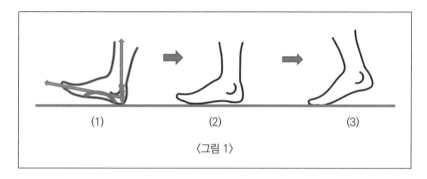

(1)　　　　　(2)　　　　　(3)

〈그림 1〉

1. 착지법은 뒤꿈치 착지법이 상식이었으나 지금은 뒤꿈치 착지, 발바닥 착지뿐 아니라 앞꿈치 착지까지 주장하는 전문가들이 있습니다. 필자가 비록 전문가는 아니지만 과학적인 논리를 기초로 하나하나 살펴보겠습니다. 먼저 뒤꿈치 착지입니다.

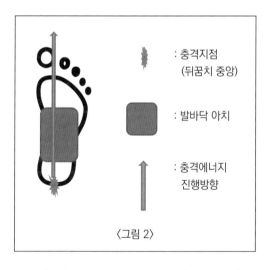

: 충격지점
(뒤꿈치 중앙)

: 발바닥 아치

: 충격에너지
진행방향

〈그림 2〉

2. 뒤꿈치 착지는 그림 1에서 보듯 뒤꿈치가 먼저 땅에 닿은 후 발바닥 그리고 엄지발가락 순으로 연결되는 착지법입니다.

이 착지법에서 가장 중요한 것은 그림 2에서처럼 **뒤꿈치 중앙이 먼저 땅에 닿아야 합니다.**

그래야 발목이 유연하게 움직이면서 충격 에너지를 발바닥 아치의 판스프링으로 전달하여 충격을 해소합니다.

뒤꿈치 착지에서는 발목의 움직임이 무엇보다도 중요합니다.

3. 그림 1에서 보듯 뒤꿈치가 땅에 강하게 닿게 되면 충격 에너지가 엄지발가락 쪽과 위 방향으로 향하게 됩니다.

1) 엄지발가락 쪽으로 향하는 충격 에너지는 그림 1의 (2) 순간에 그림 2의 발바닥 아치가 만드는 판스프링을 통하여 대부분 해소되고 남은 충격 에너지는 엄지발가락 아치를 통하여 없어집니다.

그림 2에서 보듯 판스프링인 발바닥 아치와 충격 에너지가 서로 수직으로 만나야 판스프링이 제대로 펴지면서 충격 에너지를 흡수할 수 있습니다. 하지만 충격 에너지가 발바닥의 판스프링에 수직 방향으로 작용하지 못하고 비틀린 방향으로 작용하면 판스프링이 제대로 펴지지 않아 충격 에너지를 충분히 흡수하지 못하고 충격파 잔량이 남게 됩니다(이것은 앞에서 이미 설명했습니다).

2) 위로 향하는 충격 에너지는 발바닥 아치 판스프링과 부드러운 발목, 그리고 적절하게 굽어진 무릎에 의하여 다리에 충격을 주지 못하고 해소되어 사라집니다.

이런 이유 때문에 전문가들은 뒤꿈치 중앙이 먼저 땅에 닿게 하는 뒤꿈치 착지를 하라고 하는 겁니다.

하지만 그림 1의 (1) 부분에서 발생한 충격 에너지가 적절하게 해소되기 전에 이미 다리에 약간이라도 영향을 주는 것은 어떻게 할 수가 없습니다. 러너들이 10km, 20km 이상을 달릴 때는 아주 미미하지만 남아 있는 미량의 충격 에너지가 인체에 영향을 미칠지도 모릅니다.

이 착지법을 할 때는 뒤꿈치가 지면에 닿았을 때 아직 허공에 있는 앞꿈치가 지면과 가까울수록 충격 흡수가 잘되어 무릎을 더욱 잘 보호할 수 있습니다.

착지: D) 발바닥 착지법

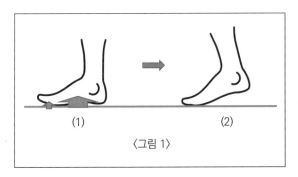

〈그림 1〉

1. 발바닥 착지는 뒤꿈치 착지의 단점을 보강하기 위하여 나온 착지법인 것 같습니다.

필자도 우연히 발바닥 착지를 알게 되었는데 실제로 해 보니 뒤꿈치 착지보다 더욱더 무릎 관절에 어떠한 영향도 미치지 않는다는 것을 알았습니다.

뒤꿈치 착지를 하면 어떤 때는 뒤꿈치가 아픈 경우도 있었습니다. 이

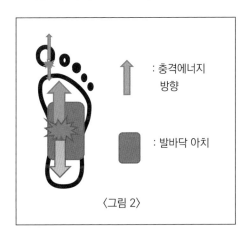

: 충격에너지 방향

: 발바닥 아치

〈그림 2〉

때는 필자가 그리 멀리 뛰지 않을 때였기 때문에 만일 더 먼 거리를 달리면 뒤꿈치가 더 아프지 않을까 걱정하던 때였습니다.

하지만 발바닥 착지를 하면 무릎 관절에 어떤 충격도 생기지 않아 달리기가 더욱 편해졌습니다.

2. 발바닥 착지는 그림 1에서 보듯 **발바닥 전체로 먼저 땅에 닿은 다음** 엄지발가락으로 땅을 박차고 나가는 방법입니다. 동작이 하나 줄어든 것입니다.

1) 우선 발바닥 전체가 땅에 동시에 닿으면 충격 에너지는 뒤꿈치에

발생하는 것이 아니라 발바닥 전체에 발생합니다. 이때 그림 2에 있는 발바닥 아치를 이루고 있는 족저근막으로 이루어진 판스프링이 부드럽게 아래로 펴지면서 충격 에너지의 대부분을 흡수, 해소해 버립니다.

2) 발바닥 착지를 하면 뒤꿈치 착지보다 발바닥의 판스프링이 더욱 아래로 깊이 펴지면서 충격을 흡수할 뿐 아니라 엄지발가락도 판스프링 역할을 하면서 충격 에너지를 흡수합니다.

뒤꿈치 착지에서는 착지할 때 발목이 순간적으로 경직되지만, 발바닥 착지를 하면 발목에 그다지 순간적인 충격이 가지 않기 때문에 발목이 부드럽게 움직이며 또 충격 에너지를 해소합니다. 그리고 발목이 부드러울수록 발바닥의 판스프링 아치는 더욱 부드럽게 아래로 펴집니다.

그러니 충격의 대부분을 발바닥에 있는 크고 작은 판스프링으로 흡수하고 부드러운 발목의 움직임에 또 충격 에너지가 해소됩니다. 또한 적절하게 굽어 있는 무릎이 마지막으로 남아 있는 충격 에너지를 모두 해소하니 무릎 관절이 다칠 이유가 없게 됩니다.

3) 발바닥 착지를 하면 아래로 깊이 펴진 판스프링이 다리를 드는 순간 탄력성 있게 발을 밀어 주기 때문에 다리를 위로 올리는 것이 더욱 쉬워집니다.

4) 그림 1에서 보듯 뒤꿈치가 닿은 다음 발 전체가 땅에 닿는 동작이 생략되기 때문에 다리를 움직이는 속도, 즉 보속이 빨라집니다. 그러므로 허벅지 근육이 제대로 발달하지 않은 상태에서 이것을 하면 정말 힘들고 지칩니다.

3. 문제는 이 발바닥 착지가 뒤꿈치 착지처럼 인체 공학적으로 자동적으로 이루어지는 것이 아니라, 러너가 발바닥 착지를 하겠다고 신경을 써야 한다는 겁니다.

뒤꿈치 착지는 바른 걸음으로 달리면 저절로 뒤꿈치 중앙이 땅에 닿게 됩니다. 하지만 발바닥 착지는 러너가 일부러 이렇게 착지를 하겠다고 의식적으로 행동해야 합니다. 물론 연습을 한 후 습관이 되면 더 이상 신경 쓰지 않아도 되겠지만 처음에는 의식적으로 해야 할 수 있는 착지입니다.

1) 평상시 달리는 것보다는 아주 약간 더 무게의 중심을 낮춥니다.

이 말은 사실 무릎의 각도가 150~160도보다 조금 더 작을 수 있다는 뜻입니다. 하지만 무릎 각도가 150~160도보다 조금 더 작아진다고 해서 별다른 문제는 없습니다. 그리고 정말 각도가 작아지는지도 잘 모르겠습니다.

필자는 발바닥 착지를 의식적으로 하면서부터 평상시보다 보폭이 오히려 넓어진 것 같은 느낌이 듭니다.

2) **발목을 부드럽게 움직이면서** 발이 땅에 닿을 때쯤 되었을 때 발목을 살짝 펴 줍니다. 그러면 발바닥이 지면과 거의 평행이 되어 발바닥 착지를 쉽게 할 수가 있습니다. 그리고 발바닥이 땅에 닿을 때 발목을 부드럽게 해 줍니다. 조금만 노력하면 무릎 관절을 완벽하게 보호할 수 있습니다.

착지: E) 앞꿈치 착지 법

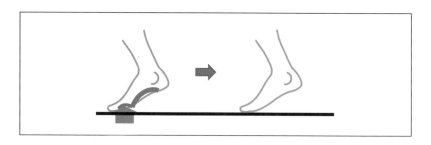

1. 앞꿈치로 착지하면서 뛰는 마라토너도 있다는 정보를 인터넷에서 보았습니다. 아프리카 마라토너들인데 앞꿈치로 마라톤 전체 구간을 뛴다고 합니다. 그리고 이 선수들은 심지어 일반 다른 선수들보다 더 좋은 성적을 내고 있다고 합니다. 이 정보를 믿어야 할지 잘 모르겠습니다.

단거리 달리기 선수들은 그림처럼 앞꿈치로 달립니다. 짧은 거리를 순간적인 폭발력으로 달리니 가능하다고 하겠습니다. 그러나 장거리를 이런 형태로?

하지만 이런 착지도 있는 것은 확실하니 분석해 보겠습니다. 필자의 분석이 정확한지 자신할 수는 없습니다.

2. 앞꿈치 착지는 그림에서 보듯 엄지발가락 부분만을 이용하여 달리기를 하는 것입니다.

짐작하시겠지만 이런 형태로 달리기를 하면 엄청나게 빨리 뛸 수 있습니다. 문제는 이런 형태로 뛸 수 있는 시간이나 거리가 얼마 되지 않는다는 겁니다.

하지만 만일 어떤 인간의 온몸 근육이 엄청나게 강하게 발달하고 탄력적이라서 이런 형태의 달리기를 오랫동안 할 수 있다면 앞꿈치로 계속해서 달리는 것이 불가능한 것만은 아니라는 생각이 듭니다.

3. 우리가 제자리에 서서 달리기 연습을 할 때는 앞꿈치만을 이용하여 달리는 연습을 한다는 생각이 문득 떠올랐습니다. 이 연습은 아마 장거리가 아닌 단거리 달리기를 위한 연습이 아닌가 하고 추측했지만 장거리 연습에 이것을 하지 말라는 법이 어디에 있습니까?

그래서 필자는 능력이 안 되지만 앞꿈치만 이용하여 달려 보기로 했습니다. 필자가 긴장하여 이 달리기를 하려고 준비하는데 이때까지의 달리기와는 다르게 온몸의 근육이 긴장하면서도 더욱더 탄력적으로 변하는 것 같았습니다. 몇 번 달리기를 한 후의 필자의 느낌은 다음과 같습니다.

1) 온몸의 근육에 힘이 들어가면서 몸이 가벼워지고, 근육들이 더욱더 부드럽고 탄력적으로 변하는 것 같습니다.

2) 자신도 모르게 다리가 높이 올라가고 보폭이 최대한으로 커지는 것 같습니다.

3) 다리를 움직이는 속도가 엄청 빨라집니다.

4) 생각보다 발에 발생하는 충격 에너지가 그리 크지 않은 것 같습니다. 몸을 가볍고 하고 탄력적으로 움직여서 충격 에너지가 크게 발생하지 않는지 확실한 것은 모르겠습니다. 엄지발가락이 만드는 작은 아치의 판스프링으로 이것을 설명하기에는 부족한 것 같습니다. 어찌 되었든 이렇게 앞꿈치만으로 달려도 무릎 관절이 그다지 부담되지는 않는다는 사실입니다.

하지만 앞에서 말한 것처럼 모두 좋은 결과만 있다면 누가 이런 방법으로 마라톤을 하지 않겠습니까? 분명 문제가 있을 겁니다.

4. 앞꿈치 착지는 앞에서 설명한 여러 가지 장점이 있는데, 왜 단거리 달리기 선수들만 이런 주법을 하지, 장거리 선수들은 하지 않을까요?

필자는 일단 인체 근육이 가질 수 있는 한계를 먼저 생각하지 않을 수 없었습니다. 이 말은 앞꿈치만을 이용해서 달리면 엄청나게 빠르게 뛸 수는 있지만 그것에 비례하여 인체가 가진 능력, 즉 근력이 버티지 못한다고 생각합니다.

짧은 거리를 앞꿈치만으로 달리기 위해서는 온몸의 근육이 극도로 긴장하면서 힘을 발휘해야 합니다. 특히 아랫배를 포함은 전체 배 근육과 등에 있는 모든 근육이 엄청나게 발달하고 강해야만 이 상태의 달리기를 계속할 수 있다고 추측합니다. 얼마나 강해야 할지는 필자 같은 어중간한 러너가 감히 상상할 수도 없습니다. 하지만 백억 명에 가까운 인간 중에서 이렇게 강하고 탄력적인 근육을 가지고 있는 사람이 없다고 할 수는 없지 않겠습니까?

5. 필자가 짧은 거리를 앞꿈치만을 이용하여 뛰는 연습을 하니 **1) 발목이 강하면서도 탄력적으로 변하고 2) 배에 힘을 주는 방법**을 저절로 알게 되었습니다.

처음에는 50m 정도만 할 수 있었는데 연습하면서 수백 m까지는 할 수 있게 되었습니다. 그리고 달리는 양상도 조금 변했습니다. 처음에는 전력 질주를 했지만(앞꿈치 착지를 하면서 달리면 자신도 모르게 전력 질주를 하게 됩니다), 연습할수록 앞꿈치만 사용하면서도 전력 질주가 아니라 페이스를 조절하면서 달릴 수 있게 되었습니다. 천천히 뛰면서 이런 자세를 취하면 자신의 몸에서 어떤 부분이 약한지 조금 짐작할 수 있습니다.

그래서 필자는 이 책을 읽고 있는 독자 여러분에게 감히 이 앞꿈치 착지를 이용하여 한 번씩 연습해 보라고 권하고 싶습니다. 일반적인 달리기에 상당히 도움이 됩니다.

이 앞꿈치 착지를 이용하여 연습하려면 발목을 잘 관리해야 합니다. 발목 어느 부분이라도 약간 아프면 이 착지를 하면서 뛸 수가 없습니다. 그래서 항상 조심해야 합니다.

착지: F) 착지법과 보폭

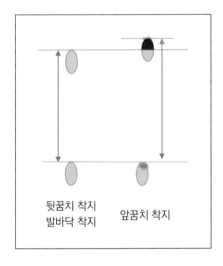

뒷꿈치 착지
발바닥 착지   앞꿈치 착지

1. 착지법을 분석하다가 착지법이 보폭과 달리기 속도와의 관련을 과학적으로 증명할 수 있다는 생각을 했습니다. 큰 의미는 없겠지만 한번 분석해 보기로 했습니다.

달리기 속도는 보폭의 크기와 발, 즉 다리를 움직이는 속도에 좌우됩니다. 그래서 착지법에 따른 보폭이 어떻게 작용하는지 분석했습니다.

같은 조건을 만들기 위해 동일한 사람이 동일한 크기의 가랑이를 벌린다(보폭은 실제로 사람이 가랑이를 얼마나 벌리는가에 따라 결정됩니다)는 것을 가정해야 합니다. 그래야 다리를 움직이는 조건이 같아지기 때문입니다.

2. 세 개의 착지법을 사용하면서 동일한 크기로 다리를 벌렸을 때 뒤꿈치 착지와 발바닥 착지는 그 보폭의 크기가 같지만, 앞꿈치 착지를 하는 사람의 보폭은 그림에서 보듯 뒤꿈치에서 엄지발가락 길이만큼 더 크게 됩니다. 이것은 앞꿈치만큼 발을 세운 결과가 되기 때문에 키가 커진 효과를 가져와 동일한 크기의 사타구니를 벌린다고 해도 그림의 검정 반원 부분만큼 보폭이 더 커집니다.

동일한 걸음을 걸었을 때는 **검정 반원 부분의 길이×걸음 수만큼** 더 멀리 간다고 하겠습니다.

이런 간단한 것은 그림이 없다고 해도 당연히 앞꿈치 착지의 보폭이 가장 크다는 것을 짐작할 수 있습니다.

3. 앞꿈치 착지로 하면 다른 착지법보다 보폭이 15cm 더 길다고 가정하겠습니다. 즉, 동일한 조건으로 단순히 걸음을 만 보 걸었다고 했을 때의 차이는 15cm×10,000=15,000cm(150m)가 됩니다.

하지만 달리기는 두 발이 반드시 허공에 있어야 하기 때문에 실제 보폭 차이는 20~30cm 이상이라고 예상됩니다. 물론 이러한 사소한 차이가 우리 같은 어중간한 러너들에게는 별 의미가 없겠지만 선수들에게는 그 의미가 절대 작지 않다고 하겠습니다.

문제는 누가 앞꿈치 착지를 하면서 오랫동안 달리기를 할 수 있는가 하는 문제가 될 것입니다.

온몸의 근육이 엄청나게 강하고 발목이 정말 탄력적인 선수라면 욕심내어 볼 수 있겠습니다. 하지만 이 책을 보는 우리는 아니라는 것을 명심해야 합니다.

4. 착지법을 분석하면서 달리기 속도와 관련된 보폭을 분석한 것은

약간의 흥미 때문입니다. 그러니 이 책을 보시는 독자 여러분은 너무 깊이 생각할 필요가 없습니다.

다음 장에서는 달리기 속도와 관련된 또 다른 사실인 착지와 다리를 빨리 움직이는 방법에 대하여 분석하겠습니다.

착지: G) 착지법과 달리기 속도

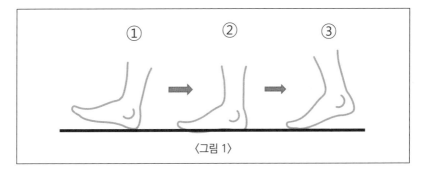

〈그림 1〉

1. 달리기에서 속도를 빠르게 하기 위해서는 다리를 빨리 움직여야 한다는 것은 누구나 알고 있습니다. 하지만 다리를 빨리 움직이기 위해서는 그만큼 근육이 발달하고 강해져야 합니다. 이것은 각 개인이 해야 할 일이니 무엇이라고 따로 할 말이 없습니다.

하지만 따로 훈련하고 근력을 강하게 하지 않고 뛰는 방법만 바꾸어도 속도를 조금 더 낼 수 있다면 어떻습니까?

그림은 각 착지법에 따라서 발과 땅이 만나는 관계를 나타내고 있습니다.

1) 뒤꿈치 착지: ①-②-③의 반복 순서로 발과 땅이 만나고 땅을 박차고 나갑니다.

2) 발바닥 착지: ②-③의 반복 순서로 발과 땅이 만나고 땅을 박차고

나갑니다.

3) 앞꿈치 착지: ③의 경우가 반복되면서 이 자세로 지면과 만나고 박
차고 나갑니다.

2. 우리가 달리기를 하면서 1초에 다리를 몇 번 움직일 것인가 계산
해 봅시다.

일단 10km를 1시간(60분, 3,600초)에 뛴다고 가정하겠습니다.

이것을 단순히 계산하면 10,000m÷3,600초=2.77m/초, 즉 **1초에
2.77m를 가고 한 걸음 보폭이 90cm라면 1초에 약 세 걸음** 앞으로 갑
니다. 물론 달리기 선수들은 이것보다 훨씬 더 보폭이 크고 빠르겠지만
일반적인 러너를 중심으로 계산합니다.

이제 일반 러너가 10km를 달리는데 처음의 보폭을 그대로 유지한다
는 가정하에 3,600초×3걸음/초=10,800걸음입니다. 그리고 한 걸음
당 소요되는 시간은 0.33초입니다. 이 0.33초에는 그림 1의 세 동작과
발이 땅에서 허공을 지나 다시 땅에 떨어지는 시간이 포함됩니다. 발이
땅을 출발해서 다시 땅을 밟는 시간을 빼고, 발이 한 걸음당 단순히 땅
에 머무르는 시간은 걸음당 0.33초 중에서 0.15초가 걸린다고 가정하겠
습니다. 그러면 그림 1의 세 동작은 각각 0.05초(=0.15/3)가 소모된다
는 것을 알 수 있습니다. 이후의 계산은 간단합니다.

발바닥 착지는 그림 1의 ②와 ③이니 뒤꿈치 착지보다는 걸음당
0.05초 빠르다고 하겠습니다. 앞꿈치 착지는 뒤꿈치 착지보다 걸음당
당연 0.1초 빠릅니다.

모든 조건이 동일한 경우에 발바닥 착지는 뒤꿈치 착지보다
10km 달리기에서 0.05초/걸음 ×10,800걸음=540초(540×

2.77m=1,347m) 빠르다는 결론이 됩니다.

앞꿈치 착지로 달리면 뒤꿈치 착지보다 거의 2.5km 차이가 나게 빨리 달릴 수 있습니다. 물론 앞꿈치 착지로 10km를 달릴 수 있는지는 별개로 하겠습니다.

하지만 발바닥 착지를 하면 10km는 물론 20km도 충분히 뛸 수 있습니다.

3. 필자가 실제로는 발이 땅에 머무는 시간을 잴 수 없어 앞의 계산이 정확한지 알 수 없습니다. 그리고 이것은 동일한 신체 능력을 가진 러너들이 동일한 조건으로 달리기를 했을 때라는 가정이 있기 때문에 현실의 러너 사이에서 정말 이런 차이가 나는지 정확하게 알 수는 없습니다.

실제로는 월등한 신체 능력을 가진 뒤꿈치 착지 러너가 발바닥 착지 러너보다도 더 빠르게 달리기도 할 것입니다. 하지만 동일 조건에서 단지 달린다고 하면 앞의 이론이 사소한 부분까지 정확하다고 할 수는 없겠지만, 분명히 한 동작이 줄어드는 것은 사실이기 때문에 그만큼 빨리 달릴 수 있다는 것을 부인할 수 없을 겁니다.

달리는 중의 자세만 바꾸었는데 더 빨리 달릴 수 있다면 그것을 하지 않을 이유가 없지 않겠습니까?

만일 신체적으로 가능하다면 이론적으로 마라톤 선수는 Fore-foot 방식으로 뛰는 것이 가장 좋을 겁니다. 하지만 Fore-foot을 유지한 채 마라톤을 완주할 수 있을지 의문입니다. 그렇지만 나중에 이런 방식의 세계적인 선수가 나올지 누가 알겠습니까?

착지: H) 착지와 엄지발가락

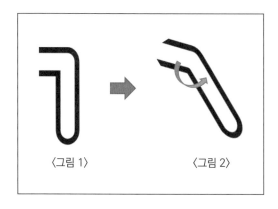

〈그림 1〉 　　　〈그림 2〉

1. 달리기 속도와 관련해서 가장 중요한 것은 엄지발가락입니다. 엄지발가락을 제대로 사용하지 않아도 달리기를 하는 데는 전혀 문제가 없습니다. 하지만 빠르게 달리고 싶다면 엄지발가락으로 땅을 강하게 찰 수 있어야 합니다.

엄지발가락은 그 자체로도 작은 아치를 형성하기 때문에 발바닥 아치가 흡수하지 못한 미량의 충격 에너지를 흡수하기도 하지만, 가장 중요한 역할은 지면을 강하게 차는 겁니다.

그런데 일반 러너 중에서는 엄지발가락의 중요성을 잘 모르거나, 알기는 해도 그것을 어떻게 이용해야 하는지 모르는 분이 많습니다. 발이 땅을 떠날 때 마지막으로 땅과 헤어지는 인체가 엄지발가락입니다. 그러니 땅을 차서 추진력을 얻으려면 엄지발가락을 활용해야만 합니다. 추진력 없이 빨리 달릴 수는 없기 때문입니다.

2. 엄지발가락으로 땅을 차서 강력한 추진력을 얻기 위해서는 여러 가지 동작이 필요합니다.

1) 올바르게 착지하여 발바닥에 발생한 에너지가 엄지발가락 쪽으로 가게 합니다.

2) 발바닥 아치가 발을 위로 밀어 올릴 때 발목을 유연하게 펴면서 엄지발가락에 힘이 가게 합니다.

3) 엄지발가락으로 땅을 강하게 차면서 추진력을 얻습니다.

설명은 길지만 실제 이 세 동작이 연속해서 일어나는 순간은 찰나에 지나지 않습니다. 하지만 발목을 유연하게 펴면서 엄지발가락에 힘을 주는 것은 그리 쉽지 않습니다.

발목을 부드럽게 움직이면서 엄지발가락으로 땅을 차면 그림 1처럼 다리가 위로 높이 올라갑니다. 높이 올라간 다리는 다시 밑으로 내려오는데 그때 그림 2처럼 구부러진 무릎이 펴지면서 무릎 아랫부분이 저절로 앞으로 나갑니다.

그림 2처럼 다리가 움직이면 자신도 모르게 보폭이 굉장히 커지고 두 발이 동시에 허공에 있다는 것을 느낄 수 있습니다. 엄지발가락으로 땅을 차서 추진력을 얻지 못하면 결코 일어나지 않는 현상입니다.

3. 필자와 같은 어중간한 러너는 그림 2와 같은 현상을 만들지 못한다고 해서 실망할 필요가 없습니다. 어쨌든 필자는 계속 연습하고 있습니다. 무릎 관절을 다치지 않고 즐겁게 달리면서 운동을 즐기면 되지, 우리 모두가 필히 달리기 선수가 될 이유는 없지 않겠습니까?

착지: I) 착지와 무릎 스치기

1. 착지하는 방법에 대해서는 아무리 강조해도 지나치지 않습니다. 무릎 관절을 보호하기 위해서는 그만큼 중요하기 때문입니다. 그런데 무릎은 발바닥과 상당히 떨어져 있는데 왜 이런 주제가 나왔는지 궁금

할 수 있습니다.

사실 착지와 무릎과의 관계는 원인과 결과라고 할 수 있습니다. 즉, 착지를 잘못하면 그 충격이 무릎에 바로 나타나고, 착지를 잘하면 무릎 관절에 아무런 영향을 끼치지 않습니다. 무릎의 입장에서는 발이 착지를 잘하기를 바랄 수밖에 없습니다.

인체 골반에 있는 고관절에 두 다리의 뼈가 연결되어 있고 뼈를 근육들이 감싸고 있기 때문에 무릎을 스치며 걷는 것은 상당히 힘듭니다. 특히 허벅지가 굵은 사람, 특히 남자들은 무릎을 스치며 걷는 것이 더욱 어렵습니다.

2. 달리기는 매우 격렬하지만 또한 섬세한 움직임이 필요한 운동입니다. 우리가 달릴 때는 인체의 모든 뼈와 근육 그리고 내장까지 영향을 받습니다. 특히 근육은 적절하면서도 매우 리드미컬하고 효과적으로 움직여야만 합니다. 하지만 달리기는 순간적으로 이루어지기 때문에 러너들은 자신이 올바르게 근육을 사용하고 있는지 판단할 시간이 거의 없습니다. 그래서 러너가 자신의 무릎이 서로 가까이 스치는지 확인하는 것이 중요합니다.

인체에는 수많은 뼈와 근육이 있지만, 달리기를 할 때 이들이 올바르게 움직이는지 확인할 수 있는 표식이 두 개 있다고 필자는 생각합니다. 우선 하나는 1) **팔을 흔드는 상태**이고 다른 하나는 2) **무릎과 무릎이 서로 스치는지를 관찰**하는 겁니다.

3. 앞에서도 말했지만 무릎과 무릎을 스치며 걷는 것도 힘든데 어떻게 달리면서 무릎과 무릎을 스치게 할 수 있는지 의문이 생길 수도 있습니다.

우리가 다리를 똑바로 한 상태에서 앉으면 사람마다 다르겠지만 무릎과 무릎 사이에 주먹 하나 또는 주먹 한 개 반 정도가 들어갈 수 있는 공간이 생깁니다.

바르게 걷는 사람들은 걸을 때 이 정도의 공간을 무릎 사이에 두고 걷습니다. 그러면 발과 몸이 서로 수직 상태가 됩니다. 달리기 전문가들은 모든 사람이 발과 몸통을 이런 수직 상태를 유지하면서 달린다고 가정하고 있을 겁니다. 물론 확신할 수는 없지만 필자의 추론이 거의 맞을 겁니다.

하지만 현실의 많은 사람은 그렇게 하면서 걷거나 달리지 않습니다. 이것은 뒷장에서 다시 설명하겠습니다.

다시 달리기로 돌아와, 빠르게 뛰기에도 마음이 급한데 자신의 다리가 바로 올바르게 움직이는지 관찰할 시간이 있겠습니까? 아니, 자신을 관찰한다는 것이 가능하기는 합니까? 불가능할 것입니다.

하지만 우리는 무릎 관절을 다치지 않고 달리는 것이 최고의 목표입니다.

4. 무엇이든지 방법을 찾으려고 노력해야 할 것입니다. 특히 무릎 관절을 다치느냐 아니냐 하는 중요한 문제인데 그냥 포기할 수는 없습니다.

필자가 발견한 방법은 달리면서 한 번씩 무릎과 무릎 사이의 거리를 느끼는 겁니다.

러너들은 달리면서 무릎과 무릎이 필히 닿지 않아도 됩니다. 단지 서로 가깝게 스쳐 지나간다는 것을 한 번씩 확인하면 됩니다. 앞에서도 이야기했지만 사람은 무릎과 무릎 사이에 주먹 한 개 또는 한 개 반이 들어간다고 했습니다. 그러니 반드시 두 무릎이 맞닿으면서 스쳐 지나갈 필요는 없습니다.

이렇게 두 개의 무릎이 가까이 지나간다면 러너는 올바른 자세로 다리를 움직이고 있다고 확신해도 됩니다. 즉, 이것을 확인한 러너는 착지도 바르게 되고 엄지발가락 등 인체 기관을 적절하면서 유용하게 이용하고 있습니다.

5. 여기에서 더 나아가 엄지발가락과 발목을 적절하게 이용하여 종아리가 무릎에서 펴지면서 앞으로 나아간다면 저절로 무릎과 무릎이 서로 맞닿으면서 스쳐 지나갑니다. 이것에 대해서는 뒷장에서 이야기할 기회가 있을 겁니다.

착지: J) 잘못된 착지와 팔자걸음

1. 이때까지는 올바른 착지가 인체에 끼치는 영향을 알아보았습니다. 하지만 이제부터는 올바른 착지를 하지 못하는 분들을 위해 왜 올바른 착지가 되지 않는지 설명하겠습니다.

무슨 일이든 원인을 알면 고칠 수 있지 않겠습니까? 그리고 이렇게 걷는 분들은 자신이 자신의 무릎을 포함한 다리에 얼마나 나쁜 짓을 평상시에 하고 있는지 알아야 합니다.

우선 많은 사람이 팔자걸음으로 걷습니다. 어떤 이는 한 발만, 또 어떤 이는 양쪽 발 다 팔자로 걷습니다. 인체는 교묘한 조직이기 때문에 웬만해서는 고장이 나지 않습니다. 하지만 미량의 충격이라도 오랫동안 그것이 인체를 공격하면 결국 인체는 견디지 못하고 무너지고 맙니다. 인체에서 가장 많이 사용하는 무릎 관절이 그 대표적입니다.

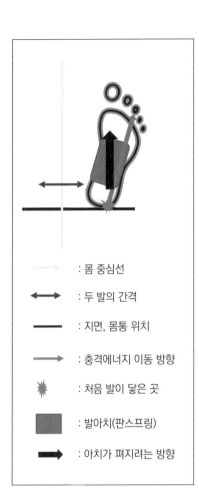

: 몸 중심선

: 두 발의 간격

: 지면, 몸통 위치

: 충격에너지 이동 방향

: 처음 발이 닿은 곳

: 발아치(판스프링)

: 아치가 펴지려는 방향

2. 팔자걸음으로 걷는 사람은 그림과 같은 방법으로 발바닥이 지면과 부딪칩니다. 그러면 충격 에너지가 발생하여 인체를 공격합니다. 바른 걸음으로 걸으면 그 충격 에너지를 바로 흡수, 해소하지만, 이 경우에는 그렇지 않습니다. 그리고 일단 팔자걸음으로 걸으면 발 자체가 비틀어지게 되기 때문에 발바닥 착지를 하기 어렵다는 것을 알아야 합니다.

그림에서 보듯 **충격이 뒤꿈치 중앙에서 벗어난 바깥쪽에 일어납니다.** 팔자걸음으로 걷는 분들의 구두를 보면 뒷굽 중앙이 아니라 바깥쪽이 닳아 있는 것을 알 수 있습니다.

발에 발생한 충격 에너지는 발 바깥쪽을 타고 일부는 새끼발가락 쪽으로, 일부는 발목 쪽으로 향하게 됩니다.

1) 발 바깥쪽을 타고 가는 충격 에너지도 일단은 발바닥 아치인 판스프링에 들어갑니다. 그런데 발 바깥쪽에 있는 아치의 휘어 있는 정도가 발등 높은 곳의 아치 같지 않고 제법 편편한 형태를 하고 있습니다. 이것은 이곳의 발바닥 아치는 제대로 된 판스프링의 역

할을 하지 못한다는 의미입니다. 거기에다가 발바닥 아치가 비틀린 상태로 힘을 받아 오히려 스트레스가 쌓입니다.

결과적으로 충격 에너지가 발바닥 아치에서 많이 흡수, 해소되지 않은 상태가 되어 남은 많은 충격 에너지가 발목 쪽으로 가게 되고 또 남은 충격 에너지가 발바닥을 공격합니다. 그래서 팔자로 오래 걸으면 발바닥이 아파 오고 발바닥 오목한 곳, 즉 발바닥 아치를 누르면서 피곤을 풀려고 하는 겁니다.

2) 발목 위로 향한 충격 에너지는 발바닥 아치가 해소하지 못한 에너지와 합쳐져 양이 커진 상태가 됩니다. 충격 에너지의 양이 크다 해도 발목이 유연하고 무릎 관절이 적절하게 굽어 있다면 대부분 해소할 수 있을 겁니다.

하지만 발목도 약간이지만 틀어져 있는 상태이기 때문에 발목이 원활하고 유연하게 움직이지 못합니다. 그래서 발목의 움직임으로도 충분히 해소되지 않은 충격 에너지가 바깥쪽 복숭아를 타고 종아리를 공격하면서 무릎으로 올라갑니다.

팔자로 걸으면 그림에 있는 두 발의 간격도 상당히 넓어집니다. 이것은 당연히 무릎도 옆으로 벌어지게 하면서 무릎이 몸이 가는 방향과는 비틀린 상태가 됩니다.

비틀린 무릎은 적절한 각도로 굽어지기보다는 오히려 160도 이상의 각도를 이루게 합니다. 우리가 높은 곳에서 뛰어내릴 때 무릎이 많이 펴져 있으면 엄청난 충격이 무릎을 때리는 것을 알 수 있습니다.

이런 이유로 발목으로 올라온 충격 에너지가 무릎 관절을 공격하는 겁니다. 물론 걸을 때는 충격 에너지의 양이 크지 않습니다. 그러나 오래 걷다 보면 결국 계속된 미량의 충격 에너지가 쌓여 무릎 관절이 아프게 됩니다. 또한 종아리 근육도 아파서 그곳을 주무르는 사람을 많이 볼 수 있습니다.

하물며 달리기에서는 어떻겠습니까? 달릴 때 한 걸음 한 걸음에 발생하는 충격 에너지는 걸을 때와는 비교도 되지 않습니다. 그러니 잘못된 걸음으로 달리면 무릎 관절이 얼마나 위험한지 짐작할 수 있을 겁니다.

3. 한 번씩 무릎이 서로 가까이 스쳐 갈 수 있도록 점검하는 것이 얼마나 중요한지 알 수 있습니다. 그리고 될 수 있으면 바른 걸음으로 걸음을 걷는 것이 좋습니다.

그래야 달리기를 할 때도 올바른 착지를 하면서 무릎 관절을 보호할 수 있습니다.

다음 장에서는 착지와 바른 걸음과의 관계를 알아보겠습니다.

착지: K) 바른 착지와 바른 걸음

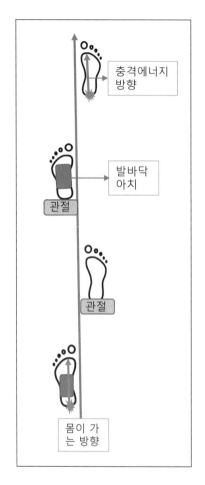

1. 전문가가 말하는 바람직한 달리기 자세 10가지 중 하체, 즉 다리와 관련된 것은 3가지에 지나지 않습니다. 다른 7가지 자세는 모두 상체에 관한 것입니다. 그리고 상체에 관한 자세를 자세히 살펴보면 골반을 조여 몸통을 바로 세우고, 팔을 제대로 흔드는 등 상체 근육을 단련하는 것입니다. 이렇게 골반을 강하게 조이면 골반에 연결된 다리가 자연적으로 바른 걸음을 걷게 됩니다.

하체에 대한 3가지 자세는 사실 골반을 강하게 조여서 하는, 바른 걸음을 하면 나오는 그런 자세입니다.

2. 인간의 다리뼈는 골반에 연결되어 움직이는데, 이 다리를 움직여 바르게 걷는다는 것은 발이 향하는 방향이 될 수 있으면 인체 몸통과 수직을 이루면서 걷는다는 겁니다. 발이 몸통과 수직이 되어 움직일 때는 발과 다리가 연결된 발목 관절, 허벅지 뼈와 정강이뼈를 이어 주는 무릎 관절 등도 몸통과 평행한 방향으로 움직입니다. 관절이 몸통과 평행한 방향이 되었을 때 그 굽어지는 형태가 부드럽고 원활하게 됩니다.

관절이 몸통과 평행한 방향이 아닌 비틀리게 되었을 때는 비틀린 만큼 관절 아래에 있는 부분이 비틀리게 됩니다. 즉, 무릎 관절이 바르지 않고 바깥으로 비틀리면 그 밑에 있는 정강이 부분도 비틀린 상태가 됩니다.

인체의 골반이 다리와 약간 느슨하게 연결되어 있어도 이것들이 허공에 있어 아무런 충격도 없다면 인체에 하등의 해를 끼치지 않을 겁니다. 그런데 **문제는 골반과 연결된 다리의 마지막 부분인 발이 인체와 땅을 연결하는 부분**이라는 겁니다.

사람이 움직이기 위해서는 다리가 움직이고 발이 땅을 디뎌야 합니다. 인간이 움직일 때 두 발은 인체라는 무거운 무게를 혼자 감당하면서 또 땅과 직접 부딪히며 그 충격을 받아야 합니다. 그러나 바르게 걸으며 두 발에 작용하는 막대한 충격 에너지를 적절하게 흡수, 해소하기 때문에 인체가 무사할 수 있는 겁니다.

그림은 이때까지 여러 부분에서 설명한 것들입니다. 하지만 너무나 중요하기 때문에 다시 한번 이야기하겠습니다.

3. 인체는 인체에 작용하는 충격 에너지를 해소하기 위해서 여러 가지 조직을 만들었습니다. 근육도 충격을 해소하기 위한 하나의 방편이 아닌가 생각합니다. 물론 근육은 인체를 움직이게 하는 기본이지만 외부에서 인체에 가해지는 충격을 근육이 해소하기도 한다고 생각합니다. 이것은 필자의 생각이니 논외로 하겠습니다.

인간이 만들어 놓은 충격 에너지 흡수, 해소 장치를 한번 살펴보겠습니다.

1) 관절: 인체의 수많은 뼈를 서로 연결하는 것이 관절입니다. 이 관절은 인체가 움직이는 것을 부드럽고 원활하게 만들기 위한 것이

지만 또 다른 작용은 인체에 발생한 에너지를 분산하거나 해소하는 역할을 합니다.

각 뼈를 이어 주는 관절의 대부분은 아래위, 또는 좌우 등으로 움직이며 인체를 구부리게 합니다. 이 구부리는 것이 충격 에너지를 해소하는 데 중요한 역할을 합니다. 물리 역학에서 직선으로 된 물체 끝이 충격 에너지를 받게 되면 이 에너지는 물체의 다른 끝까지 그대로 전달됩니다. 하지만 물체를 구부리면 물체 끝이 받은 충격 에너지가 구부러진 부분을 지나면서 상당히 감소하는 것을 알 수 있습니다. 만일 물체를 몇 번 구부러지게 만들면 한쪽 끝에 발생한 충격 에너지가 다른 한쪽 끝에 전달되지 않을 수도 있습니다.

이런 단순한 물리 역학을 이용하여 인체에 발생한 충격 에너지를 인체가 분산하거나 해소합니다. 그러니 관절이 올바른 방향으로 있어야 충격 에너지를 더욱 쉽게 없앨 수 있습니다.

2) 발바닥 아치: 스프링은 그야말로 대표적으로 충격 에너지를 흡수, 분산하는 원리입니다. 판스프링도 이런 스프링의 일종이기 때문에 충격 에너지를 충분히 흡수, 해소할 수 있는 굉장히 뛰어난 기계 장치입니다. 인체는 발에 이런 훌륭한 기계를 만들어 놓았습니다.

발바닥 아치를 이루고 있는 족저근막은 인체에서 가장 강한 막으로 알려져 있습니다. 이런 강력하고 튼튼한 막이 판스프링이 되어 발에 발생하는 충격 에너지를 흡수할 수 있으니 인간이 별다른 걱정 없이 걸어 다니고 뛸 수가 있는 겁니다.

하지만 판스프링도 올바르게 사용해야 충격 에너지를 충분히 흡수, 해소할 수가 있습니다. 아무리 튼튼한 것이라고 해도 잘못 사용하면 그것이 올바르게 작동하지 않고 스트레스를 받습니다. 앞에서 설명했기 때문에 이만 줄입니다.

3. 바른 걸음으로 걷는 방법

1) 바르게 걸을 줄 알면 달리기도 잘할 수 있는 기본이 된 것입니다. 이런 분들은 팔 움직임과 호흡법만 신경 쓰면 달리기에 빠르게 숙달할 것입니다. 정말로 건강 복을 타고난 분이라고 하겠습니다.

2) 많은 사람이 팔자로 걸음을 걷지만 이제는 바르게 걷는 걸음을 스스로 연습해야 합니다. 이것은 그리 어려운 것이 아닙니다. 앞 장에서도 계속 강조했지만 우선 엉덩이 근육에 힘을 주고 걷는 버릇을 키우면 됩니다.

엉덩이 근육에 힘을 준다는 것은 골반을 강하게 조인다는 뜻입니다. 골반을 강하게 조이면 우선 척추가 바로 섭니다. 그러면 몸통이 바로 되어 배에 있는 여러 가지 내장 기관도 바로 펴지면서 쓸데없이 스트레스를 받지 않아 건강해집니다.

엉덩이 근육이 골반을 강하게 조이면 골반에 붙어 있는 허벅지가 벌어져 바깥 방향으로 향하지 않고 골반뼈에서 바른 방향이 됩니다. 그러면 자동적으로 허벅지 아랫부분도 무릎 관절에서 똑바로 내려가고, 따라서 발의 형태도 몸과 수직이 됩니다. 이런 상태에서 허벅지를 앞뒤로 움직이면 다리 전체가 바로 서서 걷게 됩니다.

그다지 어려운 일이 아닙니다. 이 모든 일은 단지 엉덩이 근육에 힘을 주는 것에서 시작합니다. 그러면 달리기도 무릎 관절을 걱정하지 않으면서 즐길 수 있습니다.

착지: L) 11자 달리기와 일자 달리기

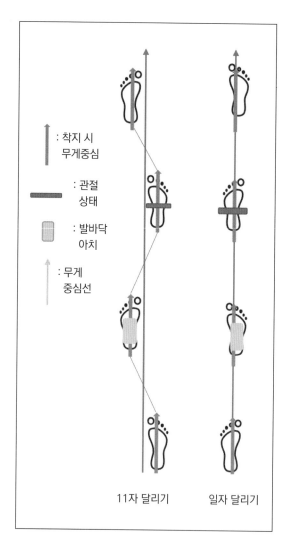

: 착지 시
무게중심

: 관절
상태

: 발바닥
아치

: 무게
중심선

11자 달리기   일자 달리기

1. 바른 걸음걸이는 달리기를 잘할 수 있는 기초입니다. 그림에 있는 두 가지 형태 중 어느 것을 유지해도 달리기에는 전혀 문제가 없습니다. 그림에서 보듯 두 형태의 달리기를 보면 관절 상태, 발바닥 아치가 서로 같은 형태이기 때문에 충격 에너지를 흡수하여 인체를 보호하는 데는 전혀 문제가 없습니다.

단지 두 형태의 유일하게 다른 점은 일자 달리기에서는 달리는 발의 중심이나 몸의 무게 중심이 서로 일치하고, 11자 달리기에서는 착지할 때 몸의 중심이 몸의 중앙 일직선에 있지 않아 순간적으로 무게 중심이 이동해야 하는 겁니다.

2. 필자가 굳이 이런 것을 이야기하는 것은 마라톤 경기를 볼 때마다 대부분 선수의 발이 몸의 중앙에 위치하면서 달리는 것을 보았기 때문입니다. '세계적인 선수들이니 당연히 그렇게 하는가 보다.' 하고 넘어갈 수도 있습니다. 하지만 필자는 그 이유를 알고 싶었습니다.

일단 그림에서 나타나듯 일자로 달리면 무게 중심을 순간적으로 바꾸어야 하는 불필요한 동작이 필요 없고, 에너지를 그만큼 절약할 수 있다는 것을 알 수 있었습니다.

우리 같은 어중간한 러너들에게는 거의 소용없는 일이겠지만 세계적인 선수들이 기록을 내기 위해서는 한 톨의 에너지도 아끼면서 빠르게 뛰어야 할 것입니다. 그래서 세계적인 달리기 선수들은 발의 움직임이 일자 형태를 유지하도록 하는 것 같습니다.

3. 필자도 일자로 달리는 것을 연습했습니다. 세계적인 선수들을 따라 하면 무엇이라도 이익이 있지 않겠는가 하는 생각이었습니다. 한강변 인도에는 가운데에 하얀 줄을 그어 놓았습니다. 경계를 표시하는 선입니다.

필자가 아무런 도움 없이 어떻게 일자로 달릴 수 있겠습니까? 그런데 이 하얀 줄은 좋은 도움이 되었습니다.

즉, 달리면서 발을 이 하얀 선에 들어가게 하는 겁니다. 정말 힘듭니다. 처음에는 이 하얀 선에 한 발은 넣어도 그다음 발을 넣을 수 없었습니다. 어찌 되었든 이런 식으로 하얀 선의 도움을 받으며 달렸습니다. 그러다 보니 생각지도 못하게 자연스럽게 11자 형태로 달릴 수 있게 되었습니다(일자로 달리려고 노력하니 자연적으로 11자로 달리는 것이 쉬워졌습니다). 의외로 11자 형태로 잘 달리게 되자 달리기를 더욱 즐기게 되었습니다.

이런 식으로 달리자 무릎에 충격이 거의 없었고 편하게 달릴 수 있어 일주일에 3~4번 달리기를 하게 되었습니다.

그러자 더욱더 일자로 달릴 수 있게 노력했습니다. 그림에서 보면 아주 간단한 것 같은데 실제로 해 보니 너무나 어려웠습니다. 하얀 선을 따라가면서 두 발이 다 하얀 선 안에 들어가도록 하면 되는데 그게 잘되지 않았습니다.

걸으면서 두 발을 하얀 선 안에 들어가도록 하는 것은 그래도 쉬웠습니다. 하지만 달리면서 두 발을 하얀 선 안에 넣는 것은 정말로 어렵습니다. 지금은 그래도 하얀 선 위에서 일자 형태를 유지하면서 300~400m는 계속해서 달릴 수는 있습니다.

4. 필자가 연구한 일자 형태로 달리는 방법과 그 효과를 말하겠습니다. 물론 이것은 필자의 개인적인 경험이라는 것을 밝힙니다.

1) 일자 형태로 달리는 방법

   a) 광배근에 힘을 주어 팔을 제대로 흔듭니다.

   b) 아랫배 근육을 안쪽으로 강하게 당기면서 엉덩이 근육과 같이 골반을 엄청나게 세게 조입니다.

   c) 엄지발가락과 유연한 발목, 허벅지 근육과 괄약근 그리고 허리 근육을 이용하여 몸이 땅을 박차고 허공으로 힘차게 나아가게 합니다.

   d) 허공에서 아래로 내려오는 다리의 무릎이 약간 펴지면서 다리의 아랫부분인 정강이가 앞으로 나아가면서 착지합니다.

2) 효과

a) 달리는 보폭이 엄청나게 커질 뿐 아니라 다리를 움직이는 속도도 빨라집니다. 그러니 근력이 약한 러너는 너무 힘들어 이런 러닝을 할 수가 없습니다.

b) 마치 몸이 허공에 떠 있는 것 같은 느낌을 줍니다(짧은 시간이지만 순간적으로 이런 기분을 느낄 때는 정말 기분이 좋아집니다).

c) 호흡도 안정되는 것 같으나 필자는 아직 잘 모르겠습니다.

5. 바른 걸음으로 달리면 무릎에 아무런 영향을 주지 않기 때문에 달리기를 즐기면 됩니다. 우리는 달리기 선수가 되려는 것이 아니라 즐겁게 달리기를 하는 것이 목표입니다. 그러니 독자 여러분은 굳이 일자 형태의 달리기를 고집할 필요는 없습니다. 즐겁게 달리기를 하기 위해서는 바른 걸음으로 달리기를 하는 것으로도 충분합니다. 하지만 달리기는 걷는 것과는 다르기 때문에 보폭이 커지고 달리는 속도가 빨라질수록 일자 형태의 달리기가 됩니다.

착지: M) 어떤 착지법을 할 것인가?

1. 어떤 착지법을 사용할 것인가 하는 문제는 중요하면서도 생각 외로 간단합니다. 착지는 허공에 있는 몸이 땅에 떨어지면서 발생하는 강력한 충격 에너지를 흡수, 완화해 내 몸이 다치지 않게 하는 겁니다.

뒤꿈치 착지나 발바닥 착지는 몸을 충격에서 보호하기 위한 방법이라고 하겠습니다(Fore-foot에 대한 분석은 필자 입장으로는 장거리 달리기에서 불가능하기 때문에 여기서는 논외로 합니다). 특히 이 『달리기 분석』은 달리기 초보자와 어중간하게 달리기를 하는 러너들이 무릎 관절을 다치지 않고 즐겁게 달리기를 할 수 있도록 하는 겁니다. 때문에 달리기 초보인 우리에게는 이 둘 중 어느 것을 사용해도 문제가 없다는 겁니다.

2. 하지만 발바닥 착지는 초보 러너들이 하기에는 그리 쉬운 착지법이 아닙니다. 처음에는 달리기를 하는 것도 힘들고 어려운데 발바닥이 어쩌고저쩌고하면서 신경을 쓸 여유는 없을 겁니다.

그래서 일단은 다리가 땅에서 떨어지는 형태에서 가장 자연스러운 모습을 만드는 뒤꿈치 착지부터 하는 것이 좋겠습니다. 이 착지법은 발이 땅에서 떨어지는 순간을 생각할 필요가 없습니다. 발의 형태상 뒤꿈치부터 땅에 닿을 수밖에 없기 때문입니다.

러너는 단지 두 개의 무릎이 서로 가까이 스치도록 엉덩이 근육과 아랫배 근육에 힘을 주는 것을 잊지 말기 바랍니다. 그래야 다리가 바른 걸음을 유지하면서 발목을 안쪽 복사뼈 있는 쪽으로 부드럽게 굽힐 수가 있습니다. **다시 강조하지만 달리기를 하고 나서 무릎 관절이 아프면 절대 안 됩니다.**

3. 무릎 관절이 아프지 않다면 어떤 착지법을 할 것인지 크게 신경을 쓰지 말고 달리면 됩니다. 그리고 달리기에 익숙해지면 1) 다리를 벌리는 보폭이 커지고 2) 몸 중심이 평상시보다는 조금 아래로 내려가게 됩니다. **이때는 달리기에 약간 익숙해졌기 때문에 발바닥 전체가 땅에 닿도록 신경을 쓸 수가 있습니다.** 그렇게 신경을 쓰면서 달리면 생각보다는 쉽게 발바닥 착지를 할 수 있을 겁니다.

4. 달리기를 오래 즐거운 마음으로 즐기려면 절대 마음을 급하게 먹으면 안 됩니다. **달리기는 정말 힘들고 어떤 운동보다도 격렬합니다.**

달리기를 시작한 수많은 러너가 달리기를 포기하게 되는 가장 중요한 이유는 무릎 관절을 다치거나 이상을 느끼기 때문입니다. 때문에 착지법은 러너가 달리기를 계속할 수 있도록 하는 가장 중요한 요소라고 하겠습니다.

다시 강조하지만 어떤 착지법을 하겠다고 고집하지 말고, 우선은 다리와 발이 만드는 자연스러운 모습으로 착지를 하면 됩니다. 대부분 뒤꿈치 착지가 될 것입니다.

이때 신경 써야 하는 것은 뒤꿈치 중앙이 땅에 닿도록 바른 걸음으로 뛰면서 발목을 유연하게 움직여야 합니다.

달리기가 익숙해지고 자주 달리면서 약간만 신경을 쓰면 발바닥 착지를 할 수 있게 됩니다. 그때 자연스럽게 발바닥 착지를 하면 됩니다.

14. 분석의 결과-달리기는 몸통 운동이다

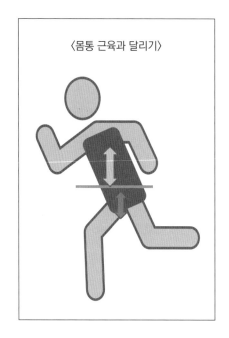

〈몸통 근육과 달리기〉

1. 전문가가 말하는 바람직한 달리기 자세 10가지를 분석했습니다. 일반적으로 달리기에 대해서 말할 때 "달리기는 팔다리가 아닌 몸통으로 하는 것이다."라고 합니다. 하지만 대부분은 그 정확한 의미는 모른 채 이런 말을 하지 않았나 생각합니다.

『달리기 분석』을 통하여 10가지 자세를 분석해 보니 달리기는 정말로 온몸에 있는 모든 근육을 사용해야 하는 운동이라는 것을 명확하게 알게 되었습니다.

2. 달리기란 앞에서 계속해서 말했지만 단지 몸통에 붙어 있는 팔다리를 빨리 움직이면서 앞으로 가는 것에 지나지 않는 것입니다. 그런데 팔다리를 빨리 움직이려면 1) 다리와 몸통이 연결된 근육이 빨리 움직여 다리가 빨리 움직여야 하고 2) 팔다리를 빨리 움직이면서도 숨차지 않아야 한다는 것입니다.

1)의 조건을 만족하려면 팔다리를 움직이는 몸통 근육의 아랫부분인

배와 엉덩이 근육이 강해야 합니다.

2)의 조건을 만족하려면 폐를 둘러싼 근육인 몸통 위의 근육이 강하게 발달해야 합니다.

즉, 달리기를 잘하기 위해서는 몸통 전체를 둘러싼 모든 근육이 강하고 탄력적인 근육이 되어야 한다는 뜻입니다.

3. **달리기란 결국 몸통 근육 훈련이라는 것**을 『달리기 분석』을 통하여 끊임없이 증명했고, 어떻게 하면 몸에 있는 근육, 평상시 우리가 잘 사용하지 않았고 또 사용할 방법을 잘 몰랐던 근육을 사용하고 단련시킬 것인지 방법을 제시했습니다.

필자가 가장 중요시하는 근육은 엉덩이 근육입니다. 사실 필자도 엉덩이 근육이 이렇게 중요한 근육인지 몰랐습니다. 어떻게 하면 달리기를 하면서 무릎 관절에 이상 없이 즐겁게 달릴 수 있는가를 연구하다가 알게 된 사실이었습니다. 그리고 그것이 중요하다면 왜 중요한지 이유를 따져 보고 근거를 만들려고 했을 뿐입니다. 혹시라도 필자의 의견에 동조하지 않는다고 해도 엉덩이 근육에 힘을 주고 골반을 조이면 허리가 바로 선다는 사실을 부정할 수는 없을 겁니다.

4. 근육을 단련하기 위해 시간과 돈을 따로 들이지 않고 평상시에 엉덩이 근육에 힘을 주면서 몸통 근육을 단련할 수 있다면 좋지 않겠습니까?

15. 단계별 달리기 연습 방법

필자는 달리기 선수는 아니지만 달리기를 시작하여 지금까지 느낀 것을 나름 정리했습니다. 처음 달리기를 할 때는 정말 막막했습니다. 어디에도 달리기를 적절하게 설명해 주는 곳이 없었습니다. 인터넷에 많은 정보가 있었지만 단지 달리기 잘하는 사람들의 이야기이거나, 달리기를 하고 나서 어떻게 병이 나았다고 하는 식의 정보가 대부분이었습니다. 진정한 초보가 어떻게 해야 하고 무엇을 조심해야 하는지에 대한 정보는 드물었습니다. 그래서 필자는 본인의 경험을 기초로 초보 러너가 어떻게 연습하면 도움이 될 수 있을지를 고민했습니다. 『달리기 분석』의 이론을 고려하면서 참고하시기 바랍니다.

1. 달리기를 처음 시작했을 때-초보 러너 1

1) 일주일에 1~2번 정도, 왕복 4~5km 정도 달리는 것을 목표로 했습니다.

2) 무릎 관절에 이상이 오면 달리기를 멈추고 걸었습니다. 즉, 반드시 목표를 달성하려고 하지 않았습니다.

3) 달리는 속도에 신경 쓰지 않으려고 노력했습니다. **잘 뛰는 러너가 필자를 앞질러 가도 따라가려고 하지 않았습니다.** 사실 자존심이 상하고 심적으로 힘듭니다.

하지만 자신의 현 상태를 인정하고 그런 심리 상태를 극복해야 합니다.

4) **팔을 바로 흔들려고 노력했습니다. 손을 부드럽게 쥐고 팔을 제대**

로 흔드는 것은 생각보다 어렵습니다. 팔을 흔들다 보면 날개 근육이 아니라 어깨 근육에 힘이 들어가면서 어깨로 팔을 흔드는 경우가 종종 발생합니다.

5) 호흡은 될 수 있으면 코로 하려고 노력했지만 힘들면 바로 입으로 하는 것도 서슴지 않았습니다.

6) 바른 걸음으로 뛰려고 노력했고, 걸을 때도 바른 걸음인가 의식하면서 걸었습니다.

7) **엉덩이에 힘을 주고 달리려고 했습니다. 달리면서 자꾸 잊어버립니다.**

2. 달리기를 시작한 지 3~4개월이 지났을 때-초보 러너 2

1) 왕복 6~7km의 거리를 일주일에 두 번은 뛸 수 있었습니다. 달리는 거리가 조금 늘었습니다.

2) 속도에 신경 쓰지 않으려고 노력했습니다. 앞질러 가는 러너가 있어도 경쟁하지 않으려고 노력했지만 필자도 감정적이다 보니 따라가 봅니다. 하지만 결국은 따라잡지 못하여 자존심만 상할 뿐 아니라 빨리 지치게 되고 힘들어집니다. 감정상 힘들기는 해도 자존심으로 달리는 것이 아니라는 것을 몸으로 절실하게 깨달았습니다.

3) **길에 있는 분리선(흰색)이나 중앙선(노란색) 위를 밟으려고 노력했습니다.** 균형을 잡으며 계속 밟아 나가는 것이 어렵습니다. 이 훈련은 정말 중요합니다.

4) 힘들지만 팔을 어느 정도 제대로 흔들 수 있게 되었습니다. 팔을 제대로 흔들며 달리자 운동 에너지가 앞으로 집중되는 것 같았습

니다. 하지만 아직도 달리면서 호흡 조절을 제대로 하지 못하여 코와 입을 병행하면서 숨을 쉬었습니다.

이때까지 필자도 어깻죽지 호흡(날개 호흡)이 있다는 것을 전혀 몰랐습니다.

5) 시선을 전방 20~30m 사이에 두려고 했습니다. 시선을 전방 20~30m에 두는 것을 반복하면서 뛰면 무엇보다도 육체 근육이 움직이는 것을 자세하게 느낄 수 있었습니다. 하지만 이렇게 시선을 20~30m에 두고 오래 뛸 수가 없었습니다. 눈이 자꾸 향하는 곳은 멀리 있는 엉뚱한 풍경들이었습니다.

6) 무릎 관절이 거의 아프지 않았습니다. 바르게 뛰려고 노력한 것인지 아니면 그동안 근력이 붙어서 그런 것인지 확신할 수는 없었지만 바른 착지를 하려고 노력한 것이 주요한 원인이라고 생각했습니다. 3~4개월 사이에 근력이 붙었다고 해도 얼마나 많은 근력이 붙었겠습니까?

뒤꿈치 착지에 더욱 신경을 쓰면서 뛰었습니다.

7) 엉덩이에 힘을 주고 달리려고 더욱 노력했습니다. 지칠 때 엉덩이에 힘을 주면 이상하게 새로 힘이 나서 그냥 달릴 수 있었습니다. 그리고 엉덩이에 힘을 주면 허리와 등 근육에 힘이 들어가고 날개 근육이 활발하게 움직였습니다. 그래도 이것을 잊어버릴 때가 더 많았습니다.

8) 한 번씩 인터벌 트레이닝 방법으로 뛰었습니다. 힘들면 걸어가면서 팔을 90도 구부리고 흔들었습니다. 시원한 공기가 폐에 가득 들어오면서 호흡이 바로 정리되고 온몸에 힘이 새로 생깁니다. 다

시 뛸 때 엉덩이에 힘을 주면 어렵지 않게 다시 시작할 수 있었습니다.

3. 10km 정도 달릴 수 있게 되었을 때(**이때 어깻죽지 호흡을 알았습니다**)-어중간한 러너 1

1) 달리기를 시작한 지 1년 정도 되어 응봉역에서 반포대교(잠수교)까지 왕복 11~12km를 뛸 수 있게 되었습니다. 처음에는 3~4번 정도 쉬었지만 어깻죽지 호흡을 알게 된 후로는 차츰 한 번도 쉬지 않고 달릴 수가 있게 되었습니다.

2) 필자를 앞서가던 러너 중 일부는 드디어 추월할 수 있게 되었습니다. 정말 기분이 좋았습니다. 하지만 경쟁할 필요(?)는 없다고 생각했습니다.

3) **팔을 제대로 흔들게 되었고 어깻죽지 호흡을 하면서 오직 코로만 호흡하고 힘들 때 어쩌다 간혹 입으로 날숨을 했습니다.** 그리고 달릴 때 코로만 호흡하기 위하여 미소를 지으려고 노력했습니다. 달리면서 코로만 호흡하는 것이 그리 힘들지 않게 되었습니다.

4) 엉덩이에 힘을 제법 잘 주게 되었습니다. 다리 움직임에 따라 허리 근육, 등 근육, 날개 근육뿐 아니라 윗배 근육이 먼저 움직이고 나중에 아랫배 근육이 움직였습니다.

몸통에 있는 거의 모든 근육에 힘이 들어가고 다리 움직임에 따라 움직이니 몸이 더욱 튼튼하게 되는 것 같았습니다. **이렇게 모든 근육이 움직이고 나면 달리기 후 그날 오후와 다음 날까지 온몸이 약간 아팠습니다. 하지만 근육이 강해지는 것 같아 기분은 좋았습니다(엉덩이 근육은 아프지 않았습니다).**

5) 길에 있는 하얀 선이나 노란 선을 밟고 뛰는 것이 제법 잘되었습니다. 균형을 제대로 잡으며 선 위에서 제법 오래(30~40m) 달릴 수가 있게 되었습니다. 두 발이 완벽하게 선에만 놓이면서 달리면 **온몸이 가벼워지고(보폭이 커짐) 아랫배 근육의 움직임이 활발하게(다리가 빨리 움직임)** 되었습니다. 하지만 오랫동안 선 위에서 정확하게 달릴 수가 없었습니다. 한 번씩 하는 것으로 만족했습니다.

6) **이때부터 필자는 자신도 모르게 발바닥 착지를 한 번씩 하게 되었습니다.** 이 착지를 한 날은 평상시에 발뒤꿈치나 무릎 관절에서 한 번씩 느끼는 애매한 통증을 전혀 느낄 수 없어 약간 놀랐습니다. 마치 뛰지 않은 상태인 것 같았습니다. 이후 의식적으로 발바닥 착지를 하려고 노력했습니다. 한번 발바닥 착지를 했기 때문인지 그렇게 어렵지 않게 할 수 있었습니다. 시선을 15m~25m 전방에 두고 뛰는 것이 그렇게 어렵지 않게 되었습니다.

4. 달리기를 즐기는 러너가 되었을 때(현재)-어중간한 러너 2

1) 필자는 무릎 관절을 다치지 않고 즐겁게 뛸 수 있게 되는 것이 목적이었습니다. 이제 달리기를 시작한 지 2년 가까이 됩니다. 지금은 일주일에 4번 정도 11~12km 정도를 뛰어도 무릎이나 종아리 등에 통증이 전혀 발생하지 않습니다. 관절에는 통증이 생기지 않지만 다른 곳, 즉 근육에 약간의 통증이 생기기 시작했습니다.

이 당시 필자는 더욱 빠르게 달리기 위하여 약간 무리를 했습니다. 필자도 사람인지라 더욱 빠르게 달리고 싶었습니다.

빠르게 달리기 위해서 엉덩이 근육에 더욱 힘을 주고 몸통 근육으로 온몸을 더욱 세게 조이면서 달렸습니다. 이런 자세로 열심히 달리면 속도가 조금 빨라지는 것 같았습니다. 대신 달리기를 마치면 온몸의 근육이 아파 옵니다. 하지만 그리 기분 나쁜 느낌이 아니고 오히려 밤에 푹 잘 수 있게 되었습니다. 다음 날이면 통증이 많이 사라졌습니다. 이때의 컨디션에 따라 다시 달리기를 하든지 쉬든지 했습니다.

필자는 나이 60이 넘어 달리기를 했기 때문에 너무 무리하게 하지는 않았습니다. 하지만 이때도 일주일에 적어도 3번은 11~12km를 달렸습니다. 그리고 시선을 10~30m 전방에 두는 방법을 몰랐다면 10km 이상의 장거리 달리기를 제대로 할 수 없었을 겁니다.

2) 팔을 제대로 흔들게 되었고 근 한 시간 가까이 팔을 90도를 유지하면서 달렸습니다. 날개 근육과 이두박근(알통)에 힘이 강하게 들어갔습니다.

상당한 거리를 뛰었는데도 호흡이 전혀 가빠지지 않은 상태의 자신을 발견했습니다. 순간 당황했지만, 달리면서 필자는 자신의 몸을 점검해 보았습니다. 필자는 시원한 공기가 어깻죽지의 활발한 움직임에 따라 코를 통해 가슴 가득히 들어가는 것을 느낄 수 있었습니다. 그러니 그다지 달리는 것이 힘들지 않았습니다.

필자는 우연히 늦게 어깻죽지 호흡을 발견하여 이 호흡을 하면서 달리지만, 독자 여러분은 달리기를 시작하면서부터 어깻죽지 호흡(날개 호흡)을 인식하면서 달리십시오.

그러면 달리는 것이 그리 힘들지 않을 겁니다. **달리다가 힘들면 멈추거나 걸으면서 어깻죽지 호흡을 하십시오. 바로 숨을 평온하게 쉴 수 있습니다.**

3) 하얀 줄을 따라 일자 형태로 달리면 착지했을 때 엄지발가락을 통하여 충격 에너지가 밖으로 나가는 착각이 듭니다. 비로소 엄지발가락을 인식하게 되었습니다.

결론적으로 말하면 일자 형태로 달리지 않을 때는 엄지발가락을 그리 의식하지 않게 되고 엄지발가락에 힘을 잘 줄 수가 없습니다. 어쨌든 엄지발가락에 힘을 주고 땅을 힘차게 차면 다리가 쉽게 올라가면서 기분이 좋아집니다.

7) **오직 코로만 호흡을 하며 뛸 수가 있게 되었습니다.** 코로만 숨을 쉬면 달리기 자세가 굉장히 안정되는 것 같습니다.

들숨을 두 번 하고 날숨을 한 번 하면서도 뛸 수 있습니다. 하지만 필자는 들숨을 짧게 두 번 하는 것이 오히려 좋지 않은 것 같았습니다. 폐가 두 개이니 두 번 들숨을 한다고 생각할 수도 있지만(반대로 날숨도 이렇게 할 수 있습니다), 짧게 하는 들숨은 공기를 폐 깊숙이 넣지 못하는 것 같습니다. 필자는 오히려 들숨을 길게 한 번 하고(들숨을 하는 동안 어깻죽지를 두 번 이상 움직입니다) 날숨은 들숨보다 더욱 길게 합니다. 그러면 공기가 폐 깊숙한 곳에 들어와 시원하게 해 줍니다. 이 방법이 필자에게는 훨씬 좋은 것 같습니다.

8) 필자는 이제 다치지 않고 즐겁게 달릴 수 있는 러너가 되었습니다. 독자 여러분도 이 『달리기 분석』을 보고 즐거운 달리기를 할 수 있기를 바랍니다.

4. 필자의 목표

1) 필자는 이제는 **10km를 거의 60분 정도로 달리고 있으며 이것을**

45분 정도에 뛸 수 있도록 연습하고 있습니다.

『달리기 분석』 방법대로 하면 가능하다고 생각합니다. 달리기 젬병이었던 필자가 이 정도로 달리고 이제는 더 빠르게 달릴 생각을 하는 것이 놀랍습니다.

2) 아무리 노력해도 속도가 빨라지지 않았는데 달리는 자세가 올바르게 되면 심정적으로 빨리 달리지 않아도 결과적으로 속도가 빨라진다는 것을 알았습니다.

3) 엄지발가락으로 땅을 차면 자신도 모르게 다리가 펴지면서 보폭이 엄청나게 커지고 다리를 움직이는 속도도 빨라집니다. 처음으로 이런 방법으로 달리고 난 후에 허벅지 뒤에 있는 근육이 너무나 아팠습니다. 달리기를 할 때는 몰랐는데 달리기를 한 후 허벅지 근육이 이렇게 아플 수 있다는 것을 그때 처음 알았습니다.

이런 방법으로는 오래 달리지 못하기 때문에 **인터벌 트레이닝 방법으로 연습**하고 있습니다. **달리면서 몸 전체의 근력을 키우고 있는 중**입니다.

16. 꼬리로 몸통 흔들기-초보 러너의 연습 방법: 무릎 보호와 달리면서 숨쉬기

1. 달리기는 생각하는 것 이상으로 정말 힘들고 격렬한 운동입니다. 이런 격렬한 운동을 하면 가쁜 호흡 때문에 다른 생각을 할 수가 없습니다.

그런 상태에 있는 초보 러너가 어떻게 전문가가 말하는 바람직한 달리기 자세 10가지를 생각하면서 달릴 수가 있겠습니까?

평상시에는 생각한다고 해도 달리기를 시작하면 머리가 하얗게 변하면서 가쁜 호흡을 바로 하기 위하여 다른 생각을 하지 못할 겁니다.

물론 할 수 있는 분도 있겠지요. 타고난 운동가라고 할 수 있습니다. 하지만 대부분은 할 수 없습니다.

2. 전문가가 말하는 바람직한 달리기 자세 10가지, 처음 달리는 사람이 이 많은 것을 어떻게 기억하면서 달릴 수 있겠습니까?

그런데 운동이란 한 개의 동작을 바르게 하면 자동적으로 그다음 동작도 할 수가 있습니다. 이런 원리를 이용하여 초보 러너들도 쉽게 달리기를 할 수 있으면 좋겠다는 생각을 했습니다. 그러다 우연히 **'꼬리가 몸통을 흔든다.'** 라는 생각을 하게 되었습니다(다른 나쁜 의미로 생각하지 말기 바랍니다).

3. 꼬리가 몸통을 흔들기 위해서는 일단 무엇이 꼬리이고 무엇이 몸통인지 생각해야 합니다. 몸통은 당연히 우리 인체의 몸통 근육일 겁니

다. 그러면 꼬리는 무엇일까요?

몸통과 멀리 있는 것은 다리에서는 엄지발가락이고, 팔에서는 새끼손가락입니다. 그래서 이 둘을 몸통에 달려 있는 꼬리라고 생각하겠습니다.

현대인은 인체에 있는 근육 중에서 많은 부분을 사용하지 않고 있습니다. 하지만 인체에 있는 근육은 신기하게도 한 번이라도 힘을 주고 사용하게 되면 다음부터는 그것에 더욱 쉽게 힘을 줄 수 있고 또 미숙하지만 사용할 수 있습니다. 이런 원리를 이용해 보려는 방법이 꼬리가 몸통을 흔드는 것입니다. 우선 새끼손가락과 엄지발가락만을 생각하면서 달리기를 시작합시다. **달리기를 하면서 다른 생각은 하지 말고 오직 이 두 가지만 생각하면 됩니다.**

1) **엉덩이에 힘을 주고 새끼손가락을 그냥 손바닥에 대고 누릅니다.** 이것만 생각합니다. 그리고 이것이 꼬리가 몸통을 흔드는 방법입니다.

손바닥을 새끼손가락으로 살짝 누르면서 그냥 달리면 됩니다. 주먹을 가볍게 말아 쥔다는 생각도 하지 말고 그냥 그 상태로 달리면 됩니다. 몸통에 있는 어떤 근육도 신경 쓰지 말고 단지 새끼손가락으로 손바닥을 살짝 누른다는 생각만 하면 됩니다.

2) **발이 땅에 닿을 때 발을 누르는 몸무게가 오직 뒤꿈치와 엄지발가락에 작용하는 것을 느끼도록 합니다.** 이것이 두 번째 꼬리가 몸통을 흔드는 방법입니다.

새끼발가락은 땅에 닿지 않아 몸무게를 전혀 느끼지 않으면 않을수록 좋습니다. 물론 새끼발가락 쪽도 땅에 닿겠지만 엄지발가락

다음에 닿으면 됩니다. 무조건 뒤꿈치 다음에 엄지발가락이 땅에 닿도록 해야 합니다. 아니면 뒤꿈치와 엄지발가락이 동시에 땅에 닿아도 됩니다.

엄지발가락과 뒤꿈치가 동시에 땅에 닿으면 모든 몸의 무게와 충격은 집중되고 발바닥 아치가 자연스럽게 펴지면서 거의 모든 충격을 흡수합니다.

4. 달리기를 하면서 다른 자세는 신경 쓰지 않고 오직 새끼손가락과 엄지발가락만 생각하면 됩니다.

> a) 새끼손가락과 엄지발가락에서 힘을 조금이라도 느끼게 되면 새끼손가락, 엄지발가락과 관련된 근육이 무엇인지 알게 됩니다. 그리고 새끼손가락은 의식적으로 손바닥에 힘을 주고 누른 상태이고, 엄지발가락은 몸무게가 몰리면서 그곳에 힘이 들어갑니다. 그러면 새끼손가락과 관련된 이두박근(알통)과 광배근(날개 근육)에 힘이 들어가게 됩니다. 이곳에 힘이 들어가면 다음부터는 이곳에 힘을 주기가 쉬워집니다.
>
> 차츰 몸통 근육에 있는 모든 근육에 힘이 들어가고 이들에게 어떻게 힘을 줘야 하는지 알게 됩니다.
>
> b) 발뒤꿈치와 엄지발가락에서 몸무게를 느낄 수 있다면 자신은 모르지만 발목을 제대로 사용하고 있다는 증거입니다. 이 두 군데, 발목과 엄지발가락에 힘이 몰리는 것을 느끼면서 달리면 이것이 바로 올바른 걸음으로 달리기를 하고 있는 겁니다. 그러면 무릎 관절이 거의 아프지 않습니다.
>
> 아직 초보 러너이기 때문에 다리에 있는 근육을 어떻게 움직여

야 하는지 모르지만, 차츰 엄지발가락의 움직임에 따라 하체 근
육들이 반응합니다. 러너는 이렇게 반응하는 근육들에 힘을 주
면서 달리기를 하면 됩니다.

c) **새끼손가락은 어깻죽지 호흡과 관련되어 달리면서 호흡을 쉽게
할 수 있게 하며, 뒤꿈치와 엄지발가락은 무릎 관절의 보호를
위한 것입니다.** 이 두 가지만 되면 달리기가 즐거운 운동이 됩
니다.

5. 무엇이든지 쉬운 것은 없습니다. 하물며 격렬하고 힘든 운동인 달
리기는 자신이 노력하지 않으면 절대 할 수 없는 운동입니다.

하지만 최소한의 노력으로 최대 효과를 낼 수 있다면 좋지 않겠습니까?

17. 사전 운동

1. 운동을 하기 전, 특히 격렬한 운동을 하기 전에는 사전 준비 운동을 하는 것이 좋다고 합니다.

하지만 필자는 달리기 전에 특별히 사전 운동을 하지 않습니다. 대신 필자가 살고 있는 곳에서 중랑천까지 약간의 거리가 있기 때문에 가는 도중에 약간의 사전(?) 움직임을 합니다. 그것은 **약 20~30m 정도를 앞꿈치 상태로 다리를 높이 올리면서 가는 겁니다.** 그리고 **팔을 좌우로 흔들어 가슴 근육과 날개 근육을 펴 주면서 가슴 전체를 좌우로 움직입니다.** 이때 허리나 목을 과하게 움직이지 않습니다. 특히 이때는 엉덩이에 힘을 주면서 허리가 움직이지 않게 하고 가슴 전체를 좌우로 움직이도록 노력합니다. 이것은 달리기를 할 때 팔을 흔드는 것이 중요하기 때문입니다.

그리고는 **약 50m 정도를 앞꿈치 상태에서 전속력으로 뜁니다.** 이것이 필자가 달리기 전에 하는 사전 운동입니다.

2. 달리기는 정말 격렬한 운동이 맞습니다. 하지만 필자가 사전 운동을 이렇게 간단하게 하는 것은 나름대로 이유가 있습니다. 동의하지 않는 분도 많이 있을 겁니다.

   1) 달리기는 격렬한 운동이 맞기는 하지만 권투 등 팔다리나 몸을 과하게 비트는 다른 운동과는 다르게 단순하게 다리를 올리고 내리며 팔을 흔드는 단순하고 규칙적인 움직임의 운동입니다.

2) 필자는 혼자서 달리기를 하기 때문에 달리기 직전에 따로 사전 운동을 하는 것은 시간 낭비라고 생각하는 것 같습니다. 사실 귀찮습니다.

3) 어쩌다 한 번씩 달리기를 하면 사전 운동을 하겠지만 필자는 일주일에 적어도 3~4번을 달리기를 하고 있습니다. 할 때마다 이십여 분씩 사전 운동을 하는 것이 그리 쉽지만은 않습니다. 시간 낭비이고 귀찮습니다.

4) 달리기 직전에 사전 운동을 하는 것보다 평상시에 엉덩이 근육과 날개 근육에 힘을 주는 것이 달리기에는 훨씬 효율적이라고 생각하기 때문입니다. 평상시에 엉덩이 근육과 날개 근육에 힘을 주는 것이 생각보다 쉽지 않습니다.

3. 필자의 이런 의견이 반드시 맞다고 할 수는 없지만 또 반드시 틀렸다고 할 수도 없을 것 같습니다. 가장 중요한 것은 다치지 않고 즐겁게 달리기를 하는 것이라고 필자는 생각합니다.

대부분 혼자서 달리기를 시작하는데, 사전 운동을 반드시 해야 한다고 하면 달리기를 포기할 사람이 많을 것 같습니다.

18. 마무리 운동

1. 필자가 비록 사전 운동을 소홀하게 한다고 해도 달리기를 마치면 반드시 마무리 운동을 해야 한다고 주장합니다. 필자가 달리기를 시작한 후에 계속 달리기를 하기 위해서는 마무리 운동을 해야 한다고 몸으로 느껴 나름대로 마무리 운동을 만들었습니다. 그렇다고 해서 그렇게 대단한 운동은 아닙니다.

대부분은 달리기를 하고 나면 다리를 벌리는 형태를 많이 취하는 것 같습니다. 하지만 필자의 마무리 운동은 주로 몸통 운동입니다. 달리기는 팔다리 운동이 아니라 몸통 운동이라고 이 책에서 계속 주장했으니 너무나 당연한 것 아니겠습니까?

2. 필자가 하는 마무리 운동은 그리 많지 않습니다. 또한 많은 시간을 소비하지 않습니다. 달리기를 하고 나면 이미 지친 상태인데 많은 시간 동안 마무리 운동을 하는 것은 낭비라고 생각합니다. 물론 운동선수들은 다를 수 있을 겁니다.

1) 팔을 들고 하는 옆구리 운동: 방법

    a) 자연스럽게 서 있습니다. 이때 엉덩이에 힘을 많이 줍니다.

    b) 한쪽 팔을 들어 쭉 편 채로 위로 올리면서 머리 뒤로 향하게 합니다. 이때 팔꿈치가 구부러지면 안 됩니다.

    c) 허리는 될 수 있으면 움직이지 말고 위로 올린 팔의 가슴만을 사용하여 팔을 머리 뒤로 보낸 다음 내립니다.

d) 다른 팔로 반복합니다.

   효과 a) 옆구리와 등 그리고 특히 달리기 내내 움직인 날개 근육을 펴
   주면서 그곳의 긴장을 풀어 줍니다.

2) 팔을 들고 하는 몸통 운동: 방법

   a) 엉덩이에 힘을 주고 두 팔을 앞으로 듭니다. 이때도 팔꿈치가
   구부러지면 안 됩니다.

   b) 두 팔을 동시에 왼쪽으로 가게 한 다음 다시 돌아와 팔을 내립
   니다. 고개를 돌리거나 팔을 구부리면 안 됩니다.

   c) 두 팔을 다시 들고 반대 방향으로 가게 한 다음 다시 돌아와 팔
   을 내립니다.

   d) 반복합니다.

   효과 a) 등과 옆구리 근육 그리고 날개 근육을 편하게 이완시킵니다.

3) 팔을 들고 허리 구부리기: 방법

   a) 양발을 넓게 벌리고 두 팔을 들고 섭니다. 엉덩이 근육에 힘을
   주고 허리를 구부리면 됩니다.

   b) 오른손 손끝이 왼발 복사뼈로 가도록 허리를 구부리고 왼팔은
   하늘을 향하도록 한 다음 처음의 자세로 돌아옵니다.

   c) 왼손 손끝이 오른발 복사뼈로 가도록 허리를 구부리고 오른팔
   은 하늘을 향하도록 한 다음 처음의 자세로 돌아옵니다.

   d) 반복합니다. 손끝이 복사뼈보다 더 내려가도 되고 위에 닿아도
   상관없습니다.

   효과 a) 허리와 엉덩이 근육이 펴지면서 이완됩니다,
   b) 아래로 내려간 팔의 반대쪽 다리 근육이 펴집니다. 열심히 달

렸으면 허벅지 뒤쪽에 있는 근육에 통증이 옵니다. 열심히 달린 후 이 운동을 할 때 통증이 점차 약해질수록 허벅지 뒤쪽 근육이 강해진 것입니다.

4) 팔 좌우로 흔들기: 방법

   a) 엉덩이 근육에 힘을 주고 두 팔을 앞으로 올립니다. 팔꿈치가 구부러지면 안 됩니다.

   b) 앞으로 올린 두 팔을 양쪽으로 벌렸다가 다시 원위치합니다.

   c) 쉬지 않고 연속적으로 반복합니다. 팔이 구부러지면 안 됩니다.

    효과 a) 목과 어깨 근육이 풀립니다.

        b) 날개 근육과 가슴 근육이 이완되고 풀립니다.

5) 목 돌리기: 방법

   a) 두 발을 약간 벌리고 두 팔은 허리에 올린 채 똑바로 섭니다.

   b) 고개를 돌리면서 머리를 오른쪽으로 돌립니다. 다시 왼쪽으로 머리를 돌립니다.

   c) 반복합니다.

    효과 a) 처음 할 때는 어지러움을 느끼나 시간이 지날수록 어지러움이 느껴지지 않습니다.

    b) 목 근육이 부드럽게 풀립니다.

6) 허리 굽히기: 방법

   a) 두 발을 모은 채 똑바로 섭니다.

   b) 앞으로 팔을 뻗고 허리를 구부려 발 앞에 있는 땅에 손이 닿을 수 있도록 합니다.

   c) 바로 섭니다.

효과 a) 허리가 강해집니다.

　　　b) 허벅지 뒤쪽 근육이 당겨지면서 풀립니다(열심히 뛰어야 나타나는 현상입니다).

7) 허리 뒤로 굽히기: 방법

　a) 다리를 넓게 벌리고 섭니다.

　b) 허리를 뒤로 젖힙니다. 이때 뒤로 넘어가지 않도록 조심합니다. 엄지발가락에 힘을 주고 균형을 잡으면 허리를 조금 더 젖힐 수 있습니다.

　　효과 **a) 허리와 등 근육이 강해집니다.**

　　　b) 무릎에 몸무게를 지탱하게 하면서 균형 감각을 키울 수 있습니다.

8) 다리 벌리기: 방법

　a) 한 다리를 높은 곳에 올려놓습니다. 엉덩이 근육에 힘을 주면 허벅지가 평평하게 됩니다.

　b) 다리를 번갈아 가며 합니다.

　　효과 a) 허벅지 근육이 강화됩니다(종아리 근육이 땅기거나 아프면 달리면서 착지를 잘못한 겁니다).

9) 발목 돌리기: 방법

　a) 자리에 앉아 한쪽 다리를 다른 쪽 다리 허벅지 위에 놓습니다.

　b) 손으로 발바닥 옆을 잡고 발목을 돌립니다.

　c) 양 발목을 다 돌립니다.

　　효과 **a) 발목이 부드러워집니다.**

10) 제자리 뛰기: 방법

　a) 제자리에 서서 앞꿈치를 이용하여 위로 뜁니다.

b) 가능하면 위로 뛸 때 양손을 ① 어깨 높이까지 올리고 다시 양

손을 ② 머리 위에서 서로 부딪치게 합니다.

효과 a) 발목 근육이 강해집니다.

b) 몸통 근육이 강해집니다.

c) 균형 감각이 좋아집니다.

11) 숨쉬기: 어깻죽지 호흡을 하면서 운동을 마무리합니다. 이때 양팔

을 앞으로나란히를 하듯 쪽 뻗으며 날숨을 하면 더욱 시원합니다.

3. 필자가 이런 마무리 운동을 하는 데 15~20분 정도 걸립니다. 달

리기 초창기에는 이 마무리 운동마저 귀찮아서 빼먹은 적이 많습니다.

하지만 지금은 계속 달리기를 하기 위하여 반드시 마무리 운동을 합니

다. 격렬한 운동으로 피곤한 몸이지만 이렇게 마무리 운동을 하면 피곤

이 빨리 풀리는 것 같습니다.

19. 객관적으로 분석했는가?

1. 이 책의 제목이 『달리기 분석』이니 먼저 필자가 한 분석이라는 것이 **1) 객관적으로 진행되어야 하고 2) 분석의 근거나 이론이 타당해야할 것**입니다.

문제는 달리기 자세를 분석할 수 있는 적당한 도구나 이론이 없다는 것입니다. 그리고 인터넷에서 달리기에 대한 것을 살펴보면 대부분 그것이 무엇을 의미하는지 잘 모르겠습니다. 앞을 보고 뛰라는 둥 부드러운 자세를 취해야 한다는 둥 호흡을 잘 조절해야 한다는 둥 내용은 약간씩 달라도 거의 이런 내용이었습니다.

일반인도 이런 말은 할 수 있습니다. 이런 애매모호한 말이나 정보가 아니면 에너지 이동량의 변화, 근육 수축의 강도 등 전문적이기는 하지만 우리 같은 일반인에게는 별로 도움이 되지 않는 이론들이었습니다.

2. 필자는 운동 전문가나 달리기 선수가 아닙니다. 오히려 달리기와는 거리가 한참 먼 사람이었습니다. 몸에 점차 이상이 있다고 느끼게 되는 나이가 되면서 건강을 위하여 달리기를 시도했지만(아마 대부분 이런 시도를 한 경험이 있을 겁니다), 3~5km만 뛰어도 돌아오는 것은 **무릎 관절의 고통과 종아리 근육의 격렬한 피곤함(달리기가 주는 가장 큰 문제점)**뿐이었습니다. 또한 필자의 몸은 호리호리한 체격이 아니라 약간 살이 쪘으나 건장한 몸에 근육이 많고 어깨가 벌어진 타입으로 객관적으로 보면 달리기에는 정말 좋지 않은 체격 조건이라고 할 수 있습

니다.

하지만 나이가 들고 몸이 더 비대해지기 전에 운동을 해야겠다는 결심에 할 수 없이 달리기를 시작했습니다. 이런 와중에 무릎 관절과 다리 근육에 전혀 통증이 없이 달리기를 하는 러너(이들은 또한 달리는 속도도 빠릅니다)들을 너무나 부러워한 것은 말할 필요가 없습니다. 물론 이들이 진정 무릎 관절 등에 아무런 통증을 느끼지 않는지는 필자가 확인할 수 없었지만, 필자는 달리기를 한 후에 고통을 받는 사람이라는 것이 확실했습니다.

하지만 이런 나의 문제점이 『달리기 분석』의 기초가 되었습니다. 즉, 내가 달리기를 하고 나서도 무릎 관절에 통증이 생기지 않고 종아리 근육이나 발목이 아프지 않고, 지금 달리는 것보다도 조금이라도 더 빠르게 달릴 수 있다면 전문가들이 말한 '바람직한 달리기 자세'로 달리는 것이라고 생각했습니다.

3. 달리기 선수들을 오랫동안 사진으로 찍고 분석, 연구한 전문가들이 선수들의 달리는 자세의 공통점을 찾아서 '바람직한 달리기 자세'를 만들었을 것이라고 필자는 생각했습니다. 그래서 이 선수들의 자세를 모방하면서 달린다면 무릎 관절이 아프지 않고(선수 중에서 무릎 관절을 다친 사람이 있다는 이야기를 들어 본 적이 없습니다) 잘 달릴 수 있겠다는 생각을 하게 되었습니다.

필자는 전문가들이 말하는 바람직한 달리기 자세를 모방하는 한편 이런 생각에서 더 나아가서 **1) 왜 '그런' 자세가 필요한지 2) '그런' 자세를 하지 않고 달리기를 하면 몸에 어떤 폐해가 있는지, 그리고 3) '그런' 자세를 하려면 몸을 어떻게 움직이고 또 어떤 근육을 어떻게 움직**

여야 하는지를 집중적으로 관찰하고 분석하기로 결심했습니다. 그래야 그들의 자세를 좀 더 확실하게 할 수 있을 것이라는 생각 때문이었습니다.

어쨌든 필자가 달리기를 잘하지 못했기 때문에 이런 분석의 필요성을 느끼게 되었는지도 모릅니다. 달리기를 잘하는 러너는 이미 바람직한 달리기 자세로 잘 뛰고 있기 때문에 바람직한 자세에 대한 의문이나 필요성을 가질 이유가 없을 겁니다.

이것은 달리기 잘하는 러너의 잘못이 아니라, 공부 잘하는 학생이 자신이 왜 공부를 잘하는지 그 이유를 굳이 알려고 하지 않는 것과 같습니다.

4. 필자는 달리기를 잘하지 못하기 때문에 잘못된 자세로 분명 뛰었을 겁니다. 그런데 달리기를 잘할 수 있는 객관적인 자세가 이미 나와 있습니다. 그러니 필자는 잘못된 자세로 뛰었을 때와 전문가들이 만들어 놓은 바람직한 자세로 뛰었을 때의 차이를 알 수 있었습니다.

1) 잘못된 자세로 뛰었을 때 움직이는 근육과 바른 자세로 뛰었을 때의 근육이 무엇이 다르고 어떻게 움직이는지 2) 잘못된 자세로 뛰었을 때 받는 충격과 바른 자세로 뛰었을 때 받는 충격이 어떻게 몸에 다르게 작용하는지를 중점적으로 살폈습니다.

가장 중점으로 둔 것은 격렬한 달리기를 한 후에 **1) 무릎 통증을 없앨 수 있는지 2) 달리면서 편하게 호흡을 할 수 있는지**의 여부였습니다.

그리고 바른 자세로 뛰어 몸에 충격을 받지 않았다면 **가장 간단한 물리 법칙과 비교**하면서 왜 그렇게 된 것인지 그 이유를 찾고 그것이 나름 타당하다는 결론이 나면 그 자세의 이론을 근거로 삼았습니다.

또한 필자가 만든 이론이 타당하다면 다른 사람들에게도 똑같이 적용할 수 있을 것이라고 확신했습니다. 사람이란 생김새나 성격은 달라도 몸에 있는 뼈의 구조와 그것을 싸고 있는 근육과 몸에 있는 수많은 기관이 하는 일과 작용은 똑같기 때문입니다. 개인이 가진 간이라는 기관은 각자에 속하는 것이지만 그것이 몸에서 하는 일은 다른 사람들의 간과 같습니다. 다리를 움직이는 근육도 강한 사람이 있고 허약한 사람이 있을 수도 있으나, 어떤 다리 근육들도 그것이 하는 일은 모두 완벽히 같은 원리에 따라 움직입니다.

　이런 원리는 **만일 어떤 동작이 객관적으로 동일하다면 그 동작이 필자 개인의 몸에 미치는 영향이 다른 사람 몸에도 똑같이 영향을 미친다는 확신**을 만들었습니다.

　5. 필자가 10가지 자세를 하나하나 보면서 분석, 연구하는 데 사실 거의 2년 가까운 시간을 소비했습니다. 분석을 하고 나서 그것이 정말 타당한 것인지 다시 필자 자신의 몸에 실험하고, 그것이 올바른 자세인지 다시 확인하는 등 논리의 오류가 없는지 몇 번이나 생각하고 몸으로 실천하면서 분석했습니다.

　필자는 앞으로 몸 에너지의 발생과 흐름, 그리고 충격의 흐름과 흡수, 완충을 좀 더 과학적으로 연구하고 싶기는 합니다. 하지만 지금의 분석도 충분히 객관적이고 논리적 타당성을 가진 이론이라고 확신합니다.

　만일 필자와 다른 논리와 그 근거를 가진 분이 계시면 언제라도 연락해 주시기 바랍니다.

20. 달리기 분석의 효과-달리는 즐거움

1. 『달리기 분석』을 기반으로 하여 자세와 근육 사용을 바꾸어 달리기를 한 객관적인 효과를 말한다는 것은 어려운 일입니다. 달리기 능력이 향상되었다고 해도 '그것은 달리기를 계속했기 때문이라고 주장'할 수가 있기 때문입니다. 그렇기 때문에 필자의 경험을 믿을 수 없다는 분들도 있겠지만 달리기란 혼자서 하는 운동(축구 등 단체가 조화를 이루어서 하는 것은 혼자 하는 것이 아닙니다. 하지만 남과 조화를 맞추기 위한 기본적인 운동은 결국 혼자서 해야 합니다)이기 때문에 우선 필자의 경험과 효과를 말하지 않을 수 없습니다.

앞에서 말했지만 필자는 달리기를 하기에는 그리 좋은 체격 조건을 가진 사람이 아닙니다. 그렇다고 몸이 허약한 것은 아니고 아주 튼튼했습니다. 하지만 달리기를 못하는 것은 어쩔 수 없었습니다. 특히 오래달리기는 필자에게는 거의 지옥이었습니다(고등학교 때 했던 1,000m 달리기와 군대에서 했던 10km 단독 군장 달리기는 정말로 힘들었습니다).

2. 어쨌든 필자가 건강을 이유로 2년 전부터 달리기를 시작했습니다. 그때 나이가 예순이 넘었기 때문에 과연 달리기를 잘할 수 있을까 걱정했습니다.

다행히 집이 한강 근처라 달리기를 할 수 있는 환경은 좋았습니다. 달리기를 시작하면서 목표가 응봉역에서 옥수역까지 왕복(4~5km 정도)하는 것이었습니다.

처음에는 쉬지 않고 달릴 수가 없었고 2~3번 정도 쉬었다가 달리기를 반복했습니다. 완주하는 것이 목표였지만 시간은 그리 신경 쓰지 않았습니다. 일주일에 두 번 정도 달리는 것이 목표였습니다.

6개월 정도 달리는 연습을 했더니, 마침내 쉬지 않고 응봉역에서 옥수역까지 왕복할 수 있었습니다. 무릎 통증도 어떤 때는 약하거나 없었고, 종아리 등 다리 근육 통증도 그렇게 심하지는 않았습니다. 그래서 큰 결심을 하고 응봉역에서 반포대교(11~12km 정도)까지 왕복하기로 했습니다.

하지만 이것은 응봉역에서 옥수역을 왕복하는 것과는 질적으로 달랐습니다. 일단 한 번에 뛸 수가 없었고, 달리기를 한 후에 무릎 관절의 고통이 심해졌으며 온몸의 근육이 몹시 아프고 통증이 며칠 갔습니다.

이때부터 인터넷에서 달리기에 대한 정보를 찾았으나 특별히 도움이 될 만한 정보는 없었습니다. 단지 전문가들이 권하는 '바람직한 달리기 자세'라는 것이 눈에 들어왔습니다. 이것을 본 후 달리기를 하면서 '전문가들이 권하는 자세로 뛰면 무릎 관절 고통이 사라질까?' 하는 생각이 들었습니다. 달리기 전문가들이 모두 권하는 자세이니 무엇인가 이유가 있겠다는 생각이 들었습니다.

하지만 달리기를 못하는 필자가 전문가들이 권하는 바람직한 달리기 자세 10가지를 한꺼번에 하면서 뛴다는 것은 아예 불가능했습니다. 그래서 생각을 바꾸어 한 가지씩 자세에 집중하면서 달리기 시작했습니다.

필자는 전문가들이 말하는 자세를 해야 한다고 스스로 설득하면서 달리는 자세를 하나씩 바꾸어 나갔습니다.

4. 차츰 달리면서 자세를 분석하게 되었습니다. 그리고 스스로 분석

한 방법에 따라 자세를 바꾸고 근육의 움직임을 다르게 하자 그 효과가 점차 나타나기 시작했습니다.

달리는 자세에 약간의 변화가 오자 삼 개월 만에 응봉역에서 반포대교까지 왕복하면서 한 번도 쉬지 않고 달릴 수 있었습니다. 육 개월이 지나자 일주일에 두 번 정도 10km가 넘는 길을 달려도 무릎 관절이 아프지 않았고 다리 근육, 특히 종아리에 무리가 오지 않았습니다.

응봉역에서 반포대교까지 왕복하는 데 처음에는 거의 90분 가까이 걸렸는데 몇 달 후 70분 정도로 시간이 단축되었습니다. 속도는 빨라졌지만 무릎 관절에는 거의 영향을 주지 않았습니다. 달린 후에도 무릎 관절과 다리 근육이 전혀 아프지 않으니 달리는 것이 재미있어지고 달리려고 하는 감정이 커졌습니다.

5. 달리는 자세를 바꾸고 효과를 본 필자는 더욱 분석에서 나온 결과를 몸에 적응시키려고 노력했습니다. 필자가 이 글을 쓰기 시작한 것은 자세를 바꾸면서 달리기 시작한 지 거의 일 년이 훌쩍 넘었을 때였습니다.

중간중간 일이 있어 달리기를 하지 못한 경우도 제법 있었습니다만 지금 필자의 달리기 능력은 예전과 비할 바 없이 좋아졌고, 필자가 달리기를 즐기고 아침에 눈을 뜨면 달리기를 하려고 한다는 겁니다. 즉, **달리는 것을 두려워하지 않게 되었다**는 겁니다.

응봉역에서 잠수대교까지 달리기를 하다가 어떤 때는 잠수대교를 건너 반포 한강공원까지 달리기를 하는 경우도 많았습니다. 무릎이 아프지 않으니 더 먼 거리를 뛰는 것도 겁나지 않게 되었습니다. 실제로 컨디션이 좋을 때는 응봉역에서 반포대교까지 가서 반포대교를 다시 왕복하고 응봉역으로 가다가 중간에 다시 성수대교 쪽으로 가서 뚝섬 유원지 근처까지 다시 왕복한 후 응봉역으로 갈 수 있었습니다. 이 경우 거의 17~18km 정도 됩니다.

하지만 달리기를 하다 보면 멀리, 오래 뛰는 것도 중요하지만, 사람의 마음이 간사해 빨리 달리고 싶은 충동도 일어나는 법입니다. 그래서 지금은 더욱 빠르게 달려 시간을 단축하기 위하여 노력하고 있습니다. 달리기를 잘하는 러너들이 보면 우습겠지만, 지금은 응봉역에서 반포대교까지의 11~12km를 65분 정도의 속도로 한 번도 쉬지 않고 달리고 있습니다. 불과 일 년 전에 이 거리를 90분 정도로 달린 필자에게는 엄청난 변화라 하겠습니다. 그리고 더 놀라운 것은 이런 달리기를 일주일에 거의 3~4번 정도 한다는 것입니다.

6. 이제 필자는 달리는 것이 즐겁습니다. 달리고 나서도 무릎이 아프지 않고 온몸에 활력이 솟는데 달리지 않을 이유가 어디에 있겠습니까?

필자는 아무리 운동이 좋아도 다쳐 가면서 하는 것은 미련하다고 믿는 사람입니다. 운동을 할 때는 즐거워야 한다고 믿습니다. 달리기도 마찬가지입니다. 이제 필자는 누구보다도 즐거운 마음으로 달리기를 합니다. 이런 **즐거운 마음을 가지게 만드는 것은 달리고 나서도 무릎 관절이 아프지 않고 온몸의 근육이 적절하게 깨어나면서 육체가 다시 젊어지는 것 같은 쾌감을 주기 때문**이라고 생각합니다.

독자 여러분도 힘들고 괴롭게 헉헉대면서 달리기를 하지 말고 즐거운 달리기를 할 수 있기를 바랍니다.

21. 달리기 분석의 효과 - 의외의 다이어트

1. 다이어트가 현대의 가장 핫한 단어이기는 해도 필자는 다이어트에 그리 관심을 가지지 않고 있습니다. 아마 남자이기 때문에 더욱 그렇지 않나 생각합니다.

하지만 배가 불러 오는 것을 볼 때마다 '살을 좀 빼야겠는데?' 하는 생각은 합니다. 아마 이런 생각이 다이어트를 실천하지는 않지만 생각은 한다는 뜻 아니겠습니까?

하여튼 필자는 다이어트에 대한 말이 시작되면 "살을 빼려면 굶으면 된다." 같은 약간 무식한 말을 하기도 합니다. 상식적으로 다이어트의 가장 좋은 방법은 바로 음식물을 적게 섭취하는 것 아닙니까? 굶으면 더 좋겠지만! 하지만 이런 방법을 잘 실천할 수 없는 것은 사람은 굶으면서 살 수가 없기 때문입니다.

2. 인터넷과 TV 등에서는 다이어트의 의미, 방법, 몸매 가꾸기, 식품, 의약품 등 수많은 정보가 홍수처럼 범람하고 있습니다. 그래서 필자는 다이어트에 대하여 깊이 있게 말하지 않겠습니다. 사실 다이어트에 대한 지식이 그냥 일반인 정도에 지나지 않습니다.

하지만 다이어트는 "건강하게 살을 빼는 것이다."라는 말 정도만 하겠습니다. 필자가 주목하는 것은 **'건강하게'**와 **'살을 빼는'**, 이 **두 가지**입니다.

1) '건강하게'

a) 건강해지기 위해서는 여러 가지 방법이 있겠지만 근육을 강하고 탄력 있게 만들어 주는 것이야말로 건강해지는 비결이 아니겠습니까? 근육을 건강하고 탄력 있게 만드는 수많은 운동이 있습니다. 현대에 와서 달리기도 하나의 운동이 되었고 모든 운동의 기초로 인정받습니다. 모든 운동의 기초가 된다는 것은 굉장한 의미가 있는 겁니다.

b) 다이어트를 하다는 것은 굉장히 개인적인 일이기 때문에 누구와 같이하는 것이 어렵습니다. 그러므로 다이어트를 위한 운동을 다른 사람과 어울려서 한다면 다이어트의 효과가 반감할 수가 있습니다. 혼자서 몸을 강하고 탄력 있게 만드는 운동이 필요합니다.

혼자서도 충분히 할 수 있는 달리기가 가장 좋은 방법일 것입니다. 그런데 달린 후에 무릎 관절이 아플까 걱정입니다. 실제로 아픕니다.

하지만 『달리기 분석』대로 달리기를 하면 무릎을 걱정할 필요가 없습니다. 달리면서 '건강하게'를 실천하면 됩니다. 달리기를 하는 것이 온몸에 있는 근육을 강하게 발달시키고 탄력 있게 만드는 것이니 정말 좋은 효과를 볼 수 있습니다.

2) '살을 빼는'

a) 인체에서 살을 빼는 방법은 몸에 들어오는 칼로리보다 소비하는 칼로리가 많으면 됩니다. 즉, 1) 활동량을 엄청나게 늘려 칼로리 소비를 높이거나 2) 적게 먹어 칼로리가 인체에 들어오는 양을 줄이는 겁니다.

b) 달리기는 격렬한 운동이기 때문에 달리기를 하고 나면 많은 칼로리를 소비한다는 것은 누구나 쉽게 짐작할 수 있습니다. 그러므로 열심히 달려야 합니다.

열심히 달리면 당연히 몸에 있는 칼로리가 맹렬하게 타 버립니다.

c) 하지만 다이어트에서 가장 어려운 것은 음식물 섭취량을 조절하는 겁니다. 달리기에는 뜻밖에도 이런 능력이 있습니다.

음식물 섭취량을 줄이기 위해서는 위장의 크기를 줄여야 한다고 말하는 사람이 많습니다. 어떻게 위장의 크기를 줄일 수 있겠습니까? 우리가 살이 찐다고 할 때 우리 몸을 살펴보면 배 둘레가 점차 늘어난다는 것을 알 수 있습니다. 이것을 반대로 생각한다면 배 둘레가 줄어들면 위장이 작아진다고 할 수 있지 않습니까?

전문가들이 말하는 바람직한 달리기 자세 ❼을 보십시오. 바로 "배: 약간 힘을 주어 안쪽으로 당긴다."입니다. 배에 힘을 주어 안쪽으로 당기면 그만큼 위장의 크기가 줄어드는 것이 아니겠습니까? 이 자세를 달리기를 할 때만 하려고 하지 말고 평상시에도 하려고 노력한다면 어떻겠습니까?

d) 달리기를 하면 또 하나 전혀 생각지도 못한 현상이 나타납니다. 달리기를 정말 열심히 하고 나면 배가 별로 고파지지 않습니다. 상식적인 판단으로는 운동을 했기 때문에 많은 칼로리가 소비되어 허기를 빨리 느낄 것이라고 생각됩니다. 하지만 정말 열심히 달리기를 하고 나면 시간이 지나도 별로 허기를 느끼지 않습

니다.

심지어 달리기를 너무 심하게 한 뒤에는 식욕이 오히려 사라집니다. 왜 그런지 필자는 정확한 이유를 모르겠습니다. 몇 가지 짐작을 하기는 하지만 옳은 이유인지 알 수가 없어 여기에서는 말하지 않겠습니다.

3. 달리기를 하면 분명 다이어트에 도움이 됩니다. 일단은 격렬한 운동으로 많은 칼로리를 소비하면서 근육을 강하고 탄력 있게 만들 수가 있습니다. 그리고 배에 계속 힘을 주는 상태를 유지한다면 위장의 크기를 줄일 수 있을 겁니다. 이것만으로도 다이어트에 도움이 될 것입니다.

정말 열심히 달리면 식욕이 없어져 음식을 별로 먹고 싶지 않게 된다는 것은 필자의 개인적인 경험이라 이것을 일반화하기에는 너무나 자료가 부족합니다.

하지만 이것이 정말 사실이라면 다이어트를 하시려고 하는 분에게는 정말 좋은 소식일 것입니다.

22. 유의할 점

1. 필자는 과학적 장비로 분석한 것이 아니기 때문에 필자가 최대한 객관적인 방법으로 접근했다고는 하지만 필자의 분석이 주관적일 수 있습니다.

2. 이 『달리기 분석』은 달리기 초보자를 위한 책입니다. 물론 달리기를 잘하는 사람이 이 책을 읽으면서 자신이 왜 그렇게 잘 뛰는지 알게 되는 것도 좋은 일입니다.

그리고 더 나아가 자신이 부족하다고 생각하는 부분을 더욱 발전시킬 수 있기를 바랍니다.

3. 달리기가 잘된다고 너무 무리하게 달리면 몸이 상할 수 있습니다. 항상 자신의 나이, 몸 상태 등을 잘 살펴서 달리기를 해야 합니다. 그리고 한두 번 달린 후에 그만두는 것이 아닌 **평생 동안 즐겁게 달리기를 할 수 있도록** 해야 합니다. 그러기 위해서는 무릎 관절에 절대 무리가 가서는 안 될 것입니다.

달리기는 정말 힘들고 격렬한 운동입니다. 하지만 이것을 즐기게 되면 정말 건강한 몸을 가지게 될 것입니다.

4. 『달리기 분석』의 자세로 달리기를 하면 다리에는 어떤 통증이 오지 않습니다. 만일 다리, 특히 무릎 관절에 무리가 오면 잘못된 자세로 달리고 있다는 증거입니다.

올바른 자세로 달리면 몸통에 있는 근육들이 아프기 시작합니다. 하지만 관절이 아니고 근육이기 때문에 기분 좋은 통증이 됩니다. 몸통 근육의 통증이 며칠 지속되다가 통증이 사라지면서 몸통 근육이 그만큼 강해지는 것을 느낄 수 있습니다. 이런 현상은 달리는 자세가 바르게 될수록 반복되어 나타날 것이기 때문에 전혀 걱정할 필요가 없습니다. 오히려 차츰 자세가 바르게 된다는 신호이니 이것을 즐기는 것이 좋습니다.

5. 달리기를 시작하면 빨리 달리고 싶은 욕망에 사로잡힙니다. 억지로 이 욕망을 억누를 필요는 없습니다. 하지만 달리기는 러너가 빨리 뛰고 싶다고 해서 빨리 뛸 수가 없습니다. 자신도 모르게 빨리 달리고 싶은 것을 느낄 때 다리를 억지로 빨리 움직이는 것보다는, 자신이 지금 뛰고 있는 자세를 검토하면서 더욱 올바른 자세를 취하는 것이 좋습니다. 그러면 자신이 느끼는 것보다도 실제로는 더욱 빠르게 뛸 수 있습니다.

자세가 바르게 되면 자신도 모르게 그만큼 빨리 뛰게 됩니다.

6. 『달리기 분석』의 차례대로 할 필요는 없습니다. 자신의 몸 상태에 맞게 조정하면 됩니다.

필자는 모든 사람이 다치지 않고 건강하게 달리기를 즐길 수 있기를 바랍니다.

달리기 분석

1판 1쇄 발행 2022년 11월 25일

저자 정환덕

교정 주현강 **편집** 김다인
마케팅 박가영 **총괄** 신선미

펴낸곳 (주)하움출판사 **펴낸이** 문현광

이메일 haum1000@naver.com **홈페이지** haum.kr
블로그 blog.naver.com/haum1000 **인스타그램** @haum1007

ISBN 979-11-6440-240-3(03690)

좋은 책을 만들겠습니다.
하움출판사는 독자 여러분의 의견에 항상 귀 기울이고 있습니다.